职业技能等级认定培训教材

供应链管理师

（基础知识）

指导委员会

主　任　任豪祥
副主任　郭肇明
委　员　李俊峰　刘志学　刘伟华　王　佐

编写委员会

主　编　何岩松　张晓梅
副主编　姜　湄　朱智美
编　者　左欣灵　王　玉　李子峰　汤迎丰
　　　　陈彬露　宋汝杰　焦洋洋　孙鹏飞

审定委员会

主　审　温　文
审　稿　王海军　杨　欣

中国劳动社会保障出版社

图书在版编目（CIP）数据

供应链管理师：基础知识/中国物流与采购联合会组织编写. -- 北京：中国劳动社会保障出版社，2024. （职业技能等级认定培训教材）. -- ISBN 978-7-5167-6369-8

Ⅰ. F252.1

中国国家版本馆 CIP 数据核字第 2024G2R986 号

中国劳动社会保障出版社出版发行

（北京市惠新东街 1 号　邮政编码：100029）

*

北京市科星印刷有限责任公司印刷装订　新华书店经销

787 毫米 ×1092 毫米　16 开本　9.25 印张　169 千字
2024 年 7 月第 1 版　2025 年 5 月第 2 次印刷

定价：**32.00 元**

营销中心电话：400-606-6496
出版社网址：http://www.class.com.cn

版权专有　　侵权必究

如有印装差错，请与本社联系调换：（010）81211666
我社将与版权执法机关配合，大力打击盗印、销售和使用盗版图书活动，敬请广大读者协助举报，经查实将给予举报者奖励。

举报电话：（010）64954652

前　言

为加快建立劳动者终身职业技能培训制度，大力实施职业技能提升行动，全面推行职业技能等级制度，推进技能人才评价制度改革，促进国家基本职业培训包制度与职业技能等级认定制度的有效衔接，进一步规范培训管理，提高培训质量，中国物流与采购联合会组织有关专家在《供应链管理师国家职业技能标准（2020年版）》（以下简称《标准》）制定工作基础上，编写了供应链管理师职业技能等级认定培训教材（以下简称等级教材）。

供应链管理师等级教材紧贴《标准》要求编写，内容上突出职业能力优先的编写原则，结构上按照职业功能模块分级别编写。该等级教材共包括《供应链管理师（基础知识）》《供应链管理师（三级）》《供应链管理师（二级）》《供应链管理师（一级）》4本。《供应链管理师（基础知识）》是各级别供应链管理师均需掌握的基础知识，其他各级别教材内容分别包括各级别供应链管理师应掌握的理论知识和操作技能。

本书是供应链管理师等级教材中的一本，是职业技能等级认定推荐教材，也是职业技能等级认定题库开发的重要依据，适用于职业技能等级认定培训和中短期职业技能培训。

哈尔滨职业技术大学、广州市交通技师学院、广州市技师学院、贵州经贸职业技术学院、北京工商大学等单位参与了本书的编写，浙江公路技师学院、台州科技职业学院等单位参与了本书的审定，在此一并表示感谢。

中国物流与采购联合会

目 录 CONTENTS

职业模块 1　职业道德基础知识 ·· 1

　培训课程 1　职业道德基本知识 ·· 2
　　学习单元 1　职业与职业道德 ·· 2
　　学习单元 2　职业道德的培养 ·· 3
　培训课程 2　职业守则 ·· 6

职业模块 2　职业基础知识 ·· 9

　培训课程 1　供应链管理基础知识 ·· 10
　　学习单元 1　供应链管理概述 ··· 10
　　学习单元 2　数字供应链概述 ··· 16
　培训课程 2　采购管理基础知识 ·· 20
　　学习单元 1　采购管理概述 ·· 20
　　学习单元 2　供应链视角下的采购管理 ····································· 28
　　学习单元 3　大数据时代下的采购管理 ····································· 36
　培训课程 3　物流管理基础知识 ·· 45
　　学习单元 1　现代物流概述 ·· 45
　　学习单元 2　智慧物流概述 ·· 53
　培训课程 4　绩效管理与风险管理基础知识 ································ 64
　　学习单元 1　供应链绩效评价理论及方法 ·································· 64
　　学习单元 2　供应链风险管理的核心概念 ·································· 67
　　学习单元 3　供应链风险管理措施 ·· 70
　　学习单元 4　构建韧性供应链的理论及方法 ······························· 73
　培训课程 5　数据管理基础知识 ·· 77
　　学习单元 1　大数据时代与供应链管理 ···································· 77
　　学习单元 2　数据及其统计 ·· 80
　　学习单元 3　数据处理 ·· 82

1

学习单元 4　数据可视化 83
　　学习单元 5　数据分析 87
　　学习单元 6　处理数据的实用工具 88

职业模块 3　安全生产与环境保护基础知识 95
　培训课程 1　职业安全知识 96
　培训课程 2　职业健康知识 99
　　学习单元 1　职业健康概述 99
　　学习单元 2　职业病危害防护基础知识 100
　　学习单元 3　职业病危害的防护措施 101
　　学习单元 4　供应链管理师职业健康 103
　培训课程 3　环境保护相关知识 105

职业模块 4　相关法律法规知识 109
　培训课程 1　《中华人民共和国民法典》相关知识 110
　　学习单元 1　《中华人民共和国民法典》内容概述 110
　　学习单元 2　《民法典》基本原则和适用范围 113
　培训课程 2　《中华人民共和国劳动法》相关知识 115
　　学习单元 1　《中华人民共和国劳动法》概述 115
　　学习单元 2　《劳动法》对劳动者和用人单位的保护与约束 116
　培训课程 3　《中华人民共和国劳动合同法》相关知识 120
　　学习单元 1　《中华人民共和国劳动合同法》概述 120
　　学习单元 2　《劳动合同法》对劳动者和用人单位的保护与约束 121
　培训课程 4　《中华人民共和国招标投标法》相关知识 124
　培训课程 5　环境保护法和相关国家标准 127
　　学习单元 1　环境保护法相关知识 127
　　学习单元 2　环境保护相关国家标准 129
　培训课程 6　国际贸易法律、法规相关知识 133
　　学习单元 1　国际贸易法内容概述 133
　　学习单元 2　国际贸易法基本原则和国际贸易术语概述 135

参考文献 138

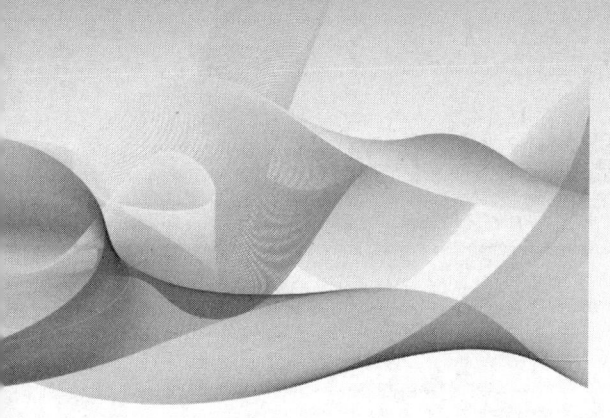

职业模块 1 职业道德基础知识

培训课程1　职业道德基本知识
　　学习单元1　职业与职业道德
　　学习单元2　职业道德的培养
培训课程2　职业守则

培训课程 1

职业道德基本知识

学习单元 1　职业与职业道德

一、职业的含义及其特点

1. 职业的含义

职业是人们在社会中所从事的作为谋生手段的工作。从社会角度看，职业是劳动者获得的社会角色，劳动者为社会承担一定的责任和义务，并获得相应的报酬。从国民经济活动所需要的人力资源角度看，职业是指不同性质、不同内容、不同形式、不同操作的专门劳动岗位。

2. 职业的特点

（1）产业性：职业可分为一、二、三产业。

（2）时代性：随着社会的发展和时代变迁，职业所涵盖的工作内容或服务也具有较强的时代烙印。

（3）职位性：职业是一定的职权和相应责任的集合体。

（4）经济性：从业人员均可以在就业过程中获得技能提升和经济收入。

（5）变化性：职业变化迅速，同一种职业的活动内容和从业方式也会发生变化。

（6）区域性：由于各地区的资源禀赋和经济社会发展水平、发展条件不同，某些区域有着当地职业发展的优势，从业人员数量也较多。

二、道德的含义及其功能

1. 道德的含义

道德是一种特殊的社会意识形态，它是以善恶为评价方式，主要依靠社会舆论、传统习俗和内心信念来发挥作用的行为规范的总和。

2. 道德的功能

（1）认识功能：道德引人至善。

（2）调节功能：道德是社会矛盾的调节器。

（3）规范功能：道德规范社会成员在职业领域、社会公共领域、家庭领域的行为，并规范个人品德的养成。

（4）教育功能：道德培养人们良好的道德意识、道德品质和道德行为，并树立正确的义务、荣誉、正义和幸福等观念。

（5）评价功能：道德评价是一种巨大的社会力量和人们内在的意志力量。

三、职业道德的含义及其特征

1. 职业道德的含义

职业道德是同人们的职业活动紧密联系的，体现职业特征的道德活动现象、道德意识现象和道德规范现象，它是社会一般道德在职业生活中的具体体现，是在职业生活中处理和协调人与人、人与社会、人与自然的关系的准则。

2. 职业道德的特征

（1）适用范围的有限性：由于各种职业的职业责任和义务不同，从而形成了各自特定的职业道德的具体规范。

（2）历史发展的继承性：由于职业具有不断发展和世代延续的特征，其职业道德也有一定的历史继承性。

（3）表达形式的多样性：由于各种职业道德的要求都较具体、细致，所以其表达形式也多种多样。

（4）约束行为的强制性：职业道德既要求从业者能够自觉遵守，又带有一定的强制性。在某些情况下，职业道德以制度、章程、条例的形式为具体表现。

学习单元 2　职业道德的培养

一、职业道德的教育与培养

1. 职业道德教育与培养的目的

对从业人员开展职业道德教育与培养，树立"干一行，爱一行，专一行"的意识，在自我得以充分发展的同时，为社会作出更大的贡献。树立职业理想必须立足自己的实际水平和条件，无须过多攀比。其次，要坚定职业理想，把个人兴趣爱好与岗位成才结合起来。充分发挥兴趣爱好所带来的正向能量，以促进职业的长期发展，因为大多数人的潜能、禀赋是可以在后天环境影响下得以发展的。

2. 职业道德教育与培养的内容

（1）职业道德知识教育

职业道德教育的基础是进行职业道德知识教育，其主要内容包括通识职业道德教育和专业职业道德教育。通识职业道德是指在各类职业活动中应遵循的基本道德规范，包括职业理想、职业态度、职业信念、爱岗敬业、诚实守信、办事公道、乐于奉献、服务大众等。专业职业道德是指针对某一职业领域提出的职业道德原则和要求。不同职业领域中的道德规范有共性，也有其特殊性。

（2）职业行为规范教育

职业行为规范是保证某种职业需要而制定的规则和要求，凡是成熟的行业、企业及单位都制定有明确的职业行为规范，以此规范每一位职工的行为，保证单位工作秩序的正常运行。职业行为规范包括岗位责任、操作规则、职业纪律等。职业规范的执行常常借助行政的、经济的奖惩措施。

（3）言行举止培训

言行举止是一个人文明程度、修养水平的外在表现。尤其是在一些服务行业，一个人的言行举止，直接体现其职业道德风貌。

3. 职业道德教育与培养的途径

多部门、多渠道、多层次地对从事或即将从事各种职业活动的人员进行职业道德教育与培养，不仅有利于从业人员职业道德意识的养成，也有利于其职业道德水平和职业能力的提高，更有利于国家经济社会的健康发展。职业道德教育与培养的途径一般有以下三种。

（1）学校为在校学生开设职业道德课程

学校要适时地为在校学生开设职业道德课程，积极开展职业道德教育，为青年学生走出校门进行社会实践提供理论上的指导。

（2）职能部门及行业协会组织职业培训

在各类职业培训中增加职业道德方面的学时和内容，增强从业人员的职业道德意识，自觉遵守职业道德规范。加大职业道德在职业资格考试中的比重，以引起从业人员对职业道德的重视。

（3）企业开展职业道德培训

企业的责任和义务是根据自己的生产性质、规模、产品以及服务的内容，将职业道德知识、道德思想融入具体的生产与经营过程中。

二、供应链管理师职业道德

供应链管理师应具备的职业道德包括以下九项。

诚实守信：供应链管理师应严格遵守承诺，履行合同和协议，以建立和维护与供应链成员之间的信任关系。

遵纪守法：供应链管理师必须严格遵守国家法律法规、行业规定和企业规章制度，确保供应链的稳定、安全和合法合规。

尽职尽责：供应链管理师应尽职尽责，不仅对供应链的每个环节负责，确保供应链的正常运转和高效运营，还要积极解决各种问题，防范潜在风险。

保守秘密：供应链管理师必须保守秘密，保护供应链中的信息安全，确保信息的保密性、完整性和可用性。

协作创新：供应链管理师应促进供应链中各方的协作和创新，实现互利共赢的目标，推动供应链的持续改进和发展。

资源整合：供应链管理师应通过有效的资源整合和优化以实现成本效益和价值增值，通过消除浪费、持续改进和优化流程，提高整体供应链的效率和效益。

注重安全：供应链管理师应具备风险意识，确保供应链的安全性和稳定性。

承担社会责任：供应链管理师应承担起社会责任，推动绿色供应链发展，采取措施减少供应链活动对社会和环境的负面影响。

遵守商业伦理：供应链管理师应遵守商业伦理规范，避免参与任何不道德或非法的商业活动，反对任何形式的腐败和不正当竞争行为，维护供应链的公平和良性竞争环境。

供应链管理师作为社会和企业中的重要角色之一，以上要素不仅对供应链管理师的职业行为和职业成就具有重要影响，还有助于确保供应链管理的有效性和可靠性，实现企业和社会价值的最大化。

复习思考题

1. 职业道德的含义和特征是什么？
2. 简述职业道德教育与培养的内容。
3. 简述供应链管理师的职业道德。

培训课程 2 职业守则

一、守法合规，诚实守信

守法合规和诚实守信对于供应链管理师的职业道德和社会责任至关重要。供应链管理师应不断提高自己的法律意识和道德素质，以确保在供应链管理中始终做到守法合规，诚实守信，为企业和社会的可持续发展作出贡献。

二、整合资源，协作创新

整合资源和协作创新是供应链管理师的核心职责和关键能力。通过深入研究和探索这两方面的理论与实践，不断提升供应链管理的水平和效果，为企业和社会创造更大的价值。

三、精益生产，提升效率

供应链管理师要不断优化供应链管理流程，提高生产效率和质量，为企业创造更大的价值。通过精益生产的理念和方法，推动供应链的持续改进和创新，实现更高效、更灵活、更具竞争力的供应链运营。

四、协同管理，实现共赢

供应链管理师要积极推动各方的合作与协调，实现互利共赢的目标。通过协同管理，优化供应链的运作，降低成本，提高效率，同时增强各方的互信与合作，共同应对市场的挑战和机遇。

五、注重安全，保守秘密

供应链管理师要采取一系列措施来确保数据和信息的安全性，避免信息泄露并保护企业的商业秘密。时刻注重供应链数据和信息的安全性和机密性，并规定供应链数据和信息只能由授权人员访问和处理。确保供应链管理的稳健发展，为企业创造更大的价值。

六、防范风险，持续发展

供应链管理师始终保持高度警惕和风险管理意识，在确保供应链的安全、可靠和高效运行的同时，也要注重供应链的持续改进和创新，以适应市场的不断变化和企业的发展需求，实现可持续发展。

复习思考题

供应链管理师职业守则有哪些？

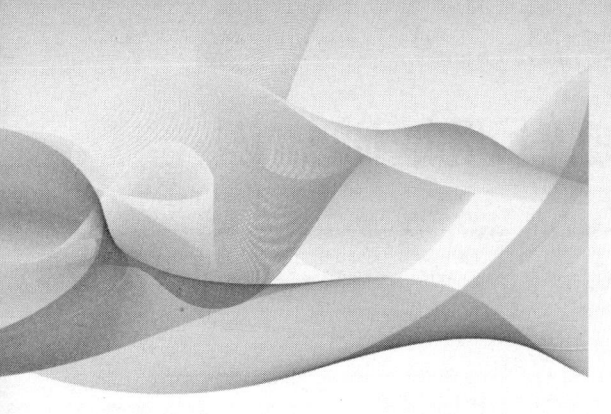

职业模块 ② 职业基础知识

培训课程1　供应链管理基础知识
　　学习单元1　供应链管理概述
　　学习单元2　数字供应链概述
培训课程2　采购管理基础知识
　　学习单元1　采购管理概述
　　学习单元2　供应链视角下的采购管理
　　学习单元3　大数据时代下的采购管理
培训课程3　物流管理基础知识
　　学习单元1　现代物流概述
　　学习单元2　智慧物流概述
培训课程4　绩效管理与风险管理基础知识
　　学习单元1　供应链绩效评价理论及方法
　　学习单元2　供应链风险管理的核心概念
　　学习单元3　供应链风险管理措施
　　学习单元4　构建韧性供应链的理论及方法
培训课程5　数据管理基础知识
　　学习单元1　大数据时代与供应链管理
　　学习单元2　数据及其统计
　　学习单元3　数据处理
　　学习单元4　数据可视化
　　学习单元5　数据分析
　　学习单元6　处理数据的实用工具

培训课程 1

供应链管理基础知识

学习单元1　供应链管理概述

一、供应链与供应链管理的产生背景

1. 全球市场竞争呈现新特点

英国供应链管理专家马丁·克里斯托弗指出，21世纪的竞争不是企业与企业之间的竞争，而是其供应链与供应链之间的竞争。随着产品生命周期的缩短、产品品类的增加、对订单响应速度的要求以及客户对产品和服务质量的期望越来越高，使得传统的企业管理模式不能应对新的市场环境和满足客户的需求，从而催生出了供应链及其管理的新管理模式。全球市场竞争的主要特点具体如下。

（1）产品生命周期越来越短

随着存量市场竞争加剧以及技术和市场的快速变化，产品生命周期的缩短成为一个必然趋势，很多产品一上市就已经过时或者即将过时。为了满足客户的需求，企业需要不断加快产品开发速度并缩短上市时间。例如，新能源汽车市场逐渐打破近几十年的"5年一大改，10年一换代"的周期传统，将迭代周期缩短至3~5年。

（2）产品品类数飞速增加

为了满足愈加多样化的客户需求，企业不断向市场推出新的产品品类，引发了一轮又一轮的新产品研发和上市，从而导致产品品类数成倍增长。根据2022年10月14日京东超市发布的《2022年前8个月快消、生鲜行业消费趋势洞察》，在当前市场环境下，33个品类的增速均超过30%，最高增速达96倍，这33个品类涵盖休食水饮、生鲜、母婴、宠物、个护、家清、玩具乐器行业。

（3）对订单响应速度的要求越来越高

企业竞争力的五大要素分别是价格、质量、品种、服务和时间。随着产品生命周

期的不断缩短，时间逐渐成为企业竞争的重要因素。客户不但要求企业按期交货，并且要求的交货期越来越短，而为了留住客户并获得更高的客户忠诚度，企业需要不断缩短交货期，甚至将快速交货作为其竞争点。例如，2019 年美团公司推出的自营即时零售业务——美团买菜，市场定位为"30 分钟快送超市"；2021 年起，杭州鸿图金属制造厂通过使用数字改造传统生产工程，利用钉钉 App 的"码上制造"功能，将交货周期从 28 天缩短到 7 天。

（4）客户对产品和服务质量的期望越来越高

随着客户对产品和服务质量的期望越来越高，客户已不再满足于仅从市场上购买标准化产品，而是更加注重根据自身需求获得定制化的产品和服务，从而驱动企业的生产方式从备货型生产到按订单生产的变革。在新的市场环境下，随着产品模块化的设计与生产，大规模定制生产成为企业更青睐的生产方式，以较低价格的多样化产品快速满足不同客户的个性化需求。例如，海尔集团采取按订单生产的战略来组织生产，不仅满足了客户的个性化需求，还把库存降到了最低。

2. 供应链与供应链管理模式应运而生

管理模式是一种系统化的指导与控制方法，旨在把企业中的人、财、物和信息等资源，高质量、低成本、快速及时地转换为市场所需要的产品和服务。为了实现上述目标，传统管理模式通常采用扩大经营范围、参股或收购以掌握对供应商的控制权或所有权等纵向一体化的手段，即"大而全"或"小而全"的思想。

然而，在新的市场环境下，这种传统管理模式的局限性逐渐暴露出来，它无法快速响应愈加个性化的客户需求。一方面，纵向一体化的管理会增加企业的投资负担，消耗大量的企业资源。另外，新建项目通常需要一定的建设周期，这使得企业无法及时把握商机，不仅有丧失市场时机的风险，甚至还会失去市场竞争优势。另一方面，传统管理模式缺乏专业化分工的面面俱到，会导致企业的辅助业务难以完成，关键业务难以做精，这使其不仅失去了竞争特色，增加了产品成本，还会直接面临每个业务领域的竞争对手，在激烈的市场竞争中处于被动位置。

而供应链管理模式，通过寻求企业间合作，在降低交易成本的同时整合了各自的核心竞争力，从而提高了企业对新竞争环境的适应能力。与传统管理模式不同，供应链管理模式将供应链上的节点企业看作一个整体，强调战略管理，采用集成的思想和方法，通过与合作企业建立战略合作伙伴关系，为客户提供高质量的产品和高水平的服务。

二、供应链概念与供应链类型

1. 供应链的相关概念

供应链源于对"supply chain"的翻译，是由各个节点企业构成的系统。《国务院办公厅关于积极推进供应链创新与应用的指导意见》（国办发〔2017〕84号）将供应链定义为"以客户需求为导向，以提高质量和效率为目标，以整合资源为手段，实现产品设计、采购、生产、销售、服务等全过程高效协同的组织形态"。根据新版《中华人民共和国国家标准——物流术语》（GB/T 18354—2021），供应链是生产及流通过程中，围绕核心企业的核心产品或服务，由所涉及的原材料供应商、制造商、分销商、零售商直至最终用户等形成的网链结构。马士华等将供应链定义为"供应链是围绕核心企业，通过对信息流、物流、资金流的控制，从采购原材料开始，制成中间产品（零部件）以及最终产品，最后通过销售网络把产品送到消费者手中的将供应商、制造商、分销商、零售商直到最终用户连成一个整体的功能网链结构"。如图2-1所示，HP打印机的供应链系统由负责总机装配的核心企业主导，涵盖了上游的零部件供应商和原材料供应商，以及下游的区域分销中心、经销商和消费者，共同形成一个功能网链结构。

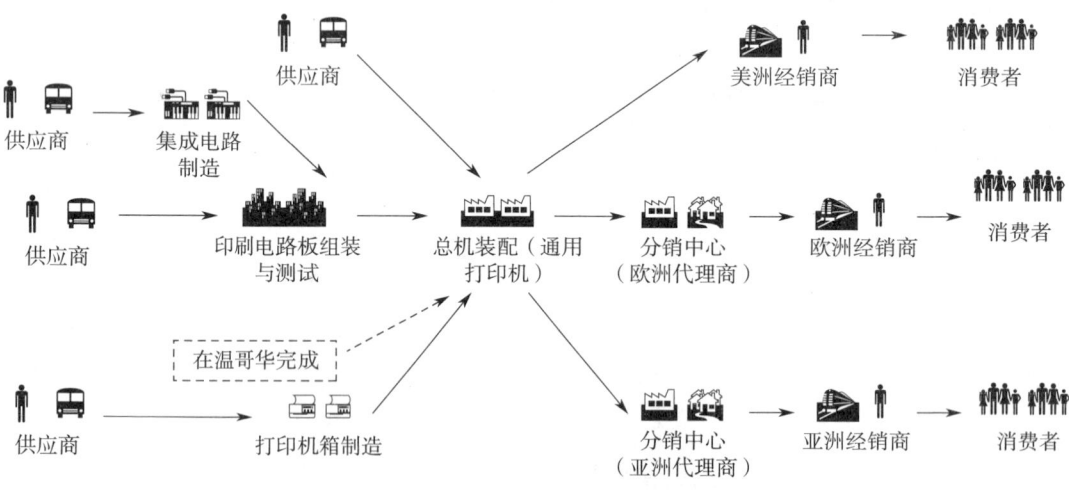

图2-1　HP打印机的供应链系统

从图2-2可以看出，供应链是由围绕核心企业的各个节点企业共同构成的，涉及采购、生产、分销、零售等多个职能，并在上下游企业间进行实物流、信息流和资金流的整合，即实物流从上游向下游流动、资金流从下游向上游流动、信息流的双向流动，最终形成一个稳定的供应链系统以完成各项价值增值活动，并在动态变化的市场环境中获得竞争优势。

有研究将逆向供应链考虑在内，从而产生了实物流自下游向上游的流动，比如退货、维修、回收、转让等，以及同步发生的资金流自上游向下游的流动，比如退回的货款、运费险等。因此，越来越多学者认为供应链"三大流"均是双向流动的。此外，也有将商流和"三大流"共同称为供应链"四大流"，商流指的是物资在由供给者向需求者转移时物资社会实体的流动，主要表现为物资与其等价物的交换运动和物资所有权的转移运动。具体的商流活动包括买卖交易活动及商情信息活动。

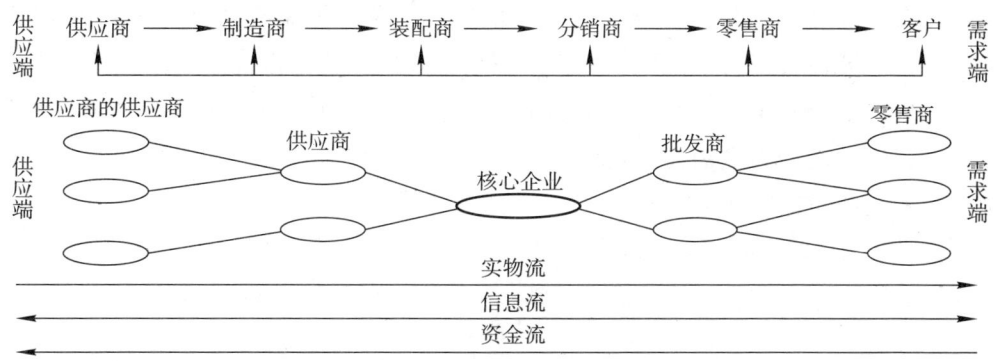

图 2-2 供应链系统的分层结构

2. 供应链类型与匹配策略

（1）效率型供应链与响应型供应链

从供应链满足客户需求的角度看，供应链类型需要与产品在市场上表现出来的特征相匹配。1996 年，美国的马歇尔·费舍尔教授根据产品在市场竞争中的特点，将其分为功能性产品和创新性产品，相应地也将供应链划分为效率型供应链和响应型供应链，形成供应链类型与产品特征匹配矩阵，如图 2-3 所示。

	功能性产品	创新性产品
效率型供应链	匹配	不匹配
响应型供应链	不匹配	匹配

图 2-3 供应链类型与产品特征匹配矩阵

具体来看，功能性产品，如与人们日常生活息息相关的食品、日用百货等，主要是指市场需求比较平稳、需求量可以预测、影响市场需求的不确定性程度比较低，同时边际利润也很低的产品。为了满足这类产品需求，通常设计效率型供应链作为匹配策略，以最大程度地降低总成本。效率型供应链主要体现供应链的物料转换功能，即以最低的成本将原材料转化成零部件、半成品、产品。创新性产品，如高档时装、新款手机等，主要是指市场需求波动较大、需求量很难预测、影响市场需求的不确定因素较多，同时边际利润也很高且对响应速度要求很高的产品。为了满足这类产品需求，通常设计响应型供应链作为匹配策略，以对不可知的需求作出快速反应。响应型供应链主要体现供应链对市场需求的响应功能，即能够根据客户的需求，快速、及时地把产品配送到满足客户需求的市场。

（2）"推拉"结合的供应链系统

在现实中，更常见的供应链结构类型是效率型供应链和响应型供应链的组合形式。其中，基于对客户订单预测的效率导向部分被称为推式流程，基于响应客户订单的速度导向部分被称为拉式流程，从而构成"推拉"结合的供应链系统。如图2-4所示，供应链下游主要以客户需求为驱动力，主张快速响应，通常设计为拉动式的响应型供应链；而供应链上游主要以预测来驱动生产和供应，并以库存方式作为缓冲，主张高效、低价，通常设计为推动式的效率型供应链。在推拉流程中，当客户订单到达推拉界限，预测驱动便转为响应驱动。

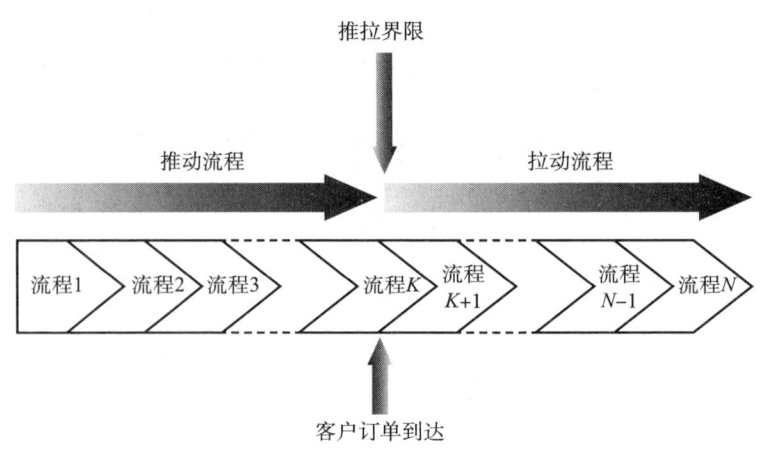

图2-4 供应链的推拉流程

三、供应链管理及其核心理念

1. 供应链管理的相关概念

供应链管理（supply chain management），曾被称作有效客户反应、快速反应、虚拟物流或连续补货等，都是通过计划和控制实现企业内部和外部之间的合作，反映了对供应链这一功能网链结构的人为干预和管理。马士华将供应链管理定义为"使供应链运作达到最优化，以最少的成本，令供应链从采购开始，到满足最终顾客的所有过程，包括工作流、实物流、资金流和信息流等均高效率地操作，把合适的产品，以合理的价格，及时、准确地送到消费者手上"。根据新版《中华人民共和国国家标准·物流术语》（GB/T 18354—2021），供应链管理是从供应链整体目标出发，对供应链中采购、生产、销售各环节的商流、物流、信息流及资金流进行统一计划、组织、协调、控制的活动和过程。

供应链运作参考模型（supply chain operations reference model，简称SCOR模型）是由供应链委员会于1996年制定，并被认可为世界上供应链管理的跨行业标准，该模型描述了供应链管理要素的组成构架。如图2-5所示，SCOR模型的第一层描述了计划、采购、生产、配送和退货五个基本流程。该模型是一个标准的供应链流程模型，较广泛地应用于分析企业供应链运行的问题、制定管理流程和改进措施等领域，帮助并优化供应链运行管理,沟通和改进企业的内部和外部供应链管理和实践,提高供应链管理绩效。

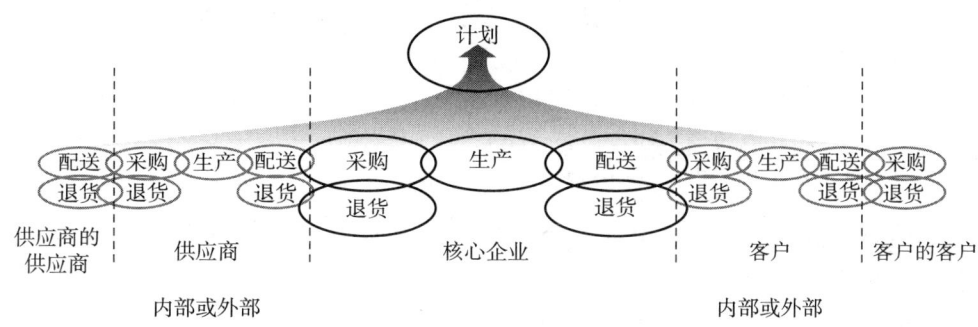

图 2-5 供应链运作参考模型(SCOR 模型)

2. 供应链管理的核心理念

供应链管理的对象是一个以核心企业或品牌商为核心的企业群体,为了提高供应链的整体竞争力,供应链管理需要坚持整合和协调的核心理念。

(1)整合理念

供应链管理已从一般性的管理思维上升为整合思维的理念,当核心企业要拓展业务或开拓新市场时,首先应该从企业外部寻找最佳资源,而非局限于企业内部。供应链整合指的是核心企业与其供应链伙伴进行战略协作并协同管理组织内部和组织间的流程,只有这样才能共同实现供应链整体利益的最大化。具体来说,供应链整合的关键在于战略协作,通过持续的伙伴关系达成互利的战略目标,来促进双方产生相互信任,延长合作时间。以高效的冲突解决机制和信息共享、利益共享和风险共担为基础,实现互利共赢。供应链整合包括组织内和组织间的管理过程,包括原材料、运输和管理任务等各种职能的整合活动,以及供应商整合、内部整合和客户整合等不同范围的整合活动。供应链整合的本质是客户导向,旨在为客户提供最大价值。因此,整合理念是供应链管理的重要核心理念之一。

(2)协调理念

供应链管理涉及若干个企业在运营中的管理活动,相关企业必须按照计划协调运作才能实现供应链管理的目标。供应链协调的目的在于使信息无缝、顺畅地在供应链各节点中传递,减少因信息失真而导致的过量生产、过量库存现象,使整个供应链系统能够根据客户需求而保持一致的步调和节拍。例如,供应商应该按照核心企业的生产计划安排同步化生产,将零部件按时生产出来并准时配送到核心企业的装配线上,最终及时配送给客户。此外,供应链协调的关键在于打破传统企业各自为政的分散决策方式,通过设计相适配的协调契约,如收益共享契约、回购契约、数量折扣契约等,使合作双方同时增加收益,从而有效控制机会主义行为,并达到供应链整体利益最大化的目标。

学习单元 2　数字供应链概述

一、数字供应链的产生背景

当前全球供应链所处环境呈现易变、不确定、复杂和模糊的特点，使得传统供应链的信息缺失与滞后、多主体协同困难、不确定性显著增强、复杂性不断上升等问题愈加凸显，时常导致供应链系统产能过剩、库存积压、物流协调性差、需求响应速度慢、订单流程混乱、整体交付水平低等问题，供应链数字化转型势在必行。

1. 供应链信息缺失与滞后

在传统供应链中，信息流在供应链上下游企业间传递时常会发生信息滞后、缺失甚至扭曲等情况。为了促进信息对称，企业通常采取正式的契约协调和非正式的信任协调等手段来解决问题，相应地，也伴随着协调成本和协调手段的局限性。随着信息量呈指数级增长且价值密度越来越低，以及市场活跃度越来越高，依托新一代数字技术提高供应链的透明度和可视性并建立快速信任刻不容缓。

2. 供应链多主体协同困难

传统供应链是围绕核心企业所开展的供应链上下游企业间协作，核心企业又称链主企业，其他企业称为链属企业。然而，企业间关系不只是简单的供需关系，还经常同时存在竞争与合作关系，比如三星公司与苹果公司既在芯片市场存在供求关系，又在手机市场存在竞争关系。随着数字技术的发展以及产品的智能互联化转型，供应链管理由单个企业为主转向多企业协同的管理模式，这使得各主体之间的协同非常复杂，供应链依托新一代数字技术快速实现多主体协同发展的新供应链管理模式应运而生。

3. 供应链不确定性显著增强

随着供应链所面临的不确定性逐渐增强，供应链管理难度增加，难以保证供应链系统的经济效益、环境效益和社会效益。从供应链流程来看，供应链不确定性包括供应不确定性、内部不确定性和需求不确定性。为了有效应对和管理供应链不确定性，可依托新一代数字技术增强整个供应链系统的信息处理能力，促进信息处理需求与能力的适配，以提高整个供应链系统综合绩效水平。

4. 供应链复杂性不断上升

供应链复杂性，是指供应链各个要素在集成、合作、延伸、互动等变化过程中产生的，表现在供应链运作过程的多样性和动态性上。从供应链流程来看，供应链复杂性包括供应复杂性、内部复杂性和需求复杂性。此外，也有研究将供应链复杂性划分为供应链结构所表征的静态复杂性和供应链节点企业间交互程度所表征的动态复杂性。为了更有效地管理愈加复杂的供应链系统，新一代数字技术有助于提高各节点企业间的协调效率和效果。

二、数字供应链的基本概念

数字供应链的内涵包括三个方面：一是在运用方式或手段上，数字供应链是一种智能的最佳技术系统，基于海量数据处理能力以及针对数字硬件、软件和网络的协作与通信能力，作用于供应链管理与运营；二是在行为上，数字供应链支持和同步组织之间的交互行为，使得沟通、协调、合作成本大大下降；三是在成效方面，数字供应链通过使服务变得更有价值、更容易获得、性价比更高，从而实现一致、敏捷和有效的结果。马潇宇等将数字供应链定义为基于物联网、大数据、云技术与人工智能等数字技术，构建以客户为中心、以需求为驱动，能够集成并最大限度地利用多种来源的实时和非实时数据，实现端到端可视、上下游高效协同、供需动态平衡、智能科学决策的网状结构。由此可见，区别于传统供应链，数字供应链主要有以下 5 个典型特点。

1. 以客户为中心

以客户为中心通常体现在主动感知和体验至上两个方面，从而为客户及时提供满意的产品和服务。一方面，数字供应链能够基于大数据分析、人工智能等数字技术实现对客户需求的主动感知，从而有预见性地设计多样化的补货策略以迎合多变的客户需求，并为产品设计和销售提供指导性建议；另一方面，数字供应链不仅能够基于数字技术深度洞察客户需求来驱动生产，并根据客户需求及时向上游补货，还能实现店内商品、客户与计算机三者的实时互联，简化与客户的交易模式，打造端到端、场景化、个性化的客户体验。

2. 透明可视

透明可视，指的是供应链企业利用数字技术获得透明可视的供应链体系全景图，使得各个节点企业能够实时掌握准确、完整的信息，从而对上下游合作伙伴的库存、产能、质量等信息进行监控。随着无线射频识别、全球定位系统、条形码和快速响应码、区块链等技术的全面普及，供应链变得透明可视逐渐成为一种趋势。供应链企业借助透明可视性，能够大幅度地降低库存水平，节省运作和管理成本，实时监测动态生产、物流流程、产品质量等，有效预防、识别和协同处理供应链中断事件，以增强供应链的可靠性。

3. 柔性响应

柔性响应，指的是供应链企业利用数字技术收集实时数据和智能分析，建立起即插即用的供应链网络，实现局部的快速调节以开展大规模定制化生产，完成整个供应链从刚性到柔性的转型。一方面，通过模块化设计生产和个性化组装等手段进行延迟制造，能够同时实现规模经济效应和个性化需求满足；另一方面，通过数字技术实时地获取和同步运营数据和信息，增强各节点企业间的协调与合作，有助于打造综合能力强的敏捷供应链。

4. 高效协同

高效协同，指的是供应链企业利用数字技术实现精益管理和资源全局优化配置，并为客户和供应商提供统一的供应链平台、共享的物流基础设施和联合规划能力，使得供应链节点企业都在共同的计划体系下运营。一方面，供应链企业结合精益生产的理念，实现制造和物流体系智能化、成本最小化和运营效率最大化，并通过有效整合全链条的设计、生产和销售等环节，达到资源全局优化；另一方面，各节点企业间通过业务数据化、操作规范化，实现高质量的信息共享和高效率的资源配置，从而实现企业间的高效协同，提升供应链整体运作效率。

5. 智能决策

智能决策，指的是供应链企业基于数字化平台，利用大数据、智能算法和算力等资源和技术，进行科学、合理、高效的决策。数字化平台集成了实时可视、智能分析、决策执行的能力，通过对数据资源进行充分开发，采用云计算、机器学习等技术为供应链各环节提供决策支持，将人为因素的误差降到最小，最终实现整个供应链协同、敏捷、一致的智能运营。

三、数字供应链的整体架构

新一代数字技术颠覆和革新传统的供应链模式、流程及管理，传统的SCOR模型已经不能模拟和管理动态、互联的系统，数字能力正在挑战SCOR模型。2017年SCOR 12.0的发布标志着传统的SCOR模型开始向数字SCOR模型转变，数字供应链第一次被引入SCOR。本质上看，传统供应链其设计、计划、采购、生产和交付的过程是离散的，随着供应链正在转变为动态的、相互联系的系统，可以更轻松地融入合作伙伴的生态系统，因此数字供应链网络应运而生，即利用创新技术赋能传统供应链向数字供应网络转变。

德勤与供应链管理协会合作产生了供应网络的数字能力模型（digital capabilities model for supply networks，DCM），一个帮助企业发展将供应链转变为数字供应网络能力的框架，通过调整传统的筒仓式为协同式工作方式，并且利用数字能力同时建立综合供应网络的数据来实现组织的智能。DCM建立了六种数字能力：同步计划（synchronized planning），即能在供应链网络或生态中同步进行业务规划与目标形成；智能供应（intelligent supply），即能将自动化和智能化纳入寻源和采购过程；智能运营（smart operations），即通过数字和认知技术提升整个供应链生产制造以及其他运营活动效率；动态履约（dynamic fulfillment），即注重订单履约的灵活性和适应性，将正向和逆向供应链集成到供应网络中；数字研发（digital development），即强调产品在设计和研发过程中更好地结合数字技术；连接客户（connected customer），即利用数字技术将供应链拓展到整个客户网络，实时收集、反馈各类客户的需求和价值诉求，并使整个供应链同步分享、运用信息，作出迅捷的决策。传统 SCOR 模型转变为 DCM 模型如图 2-6 所示。

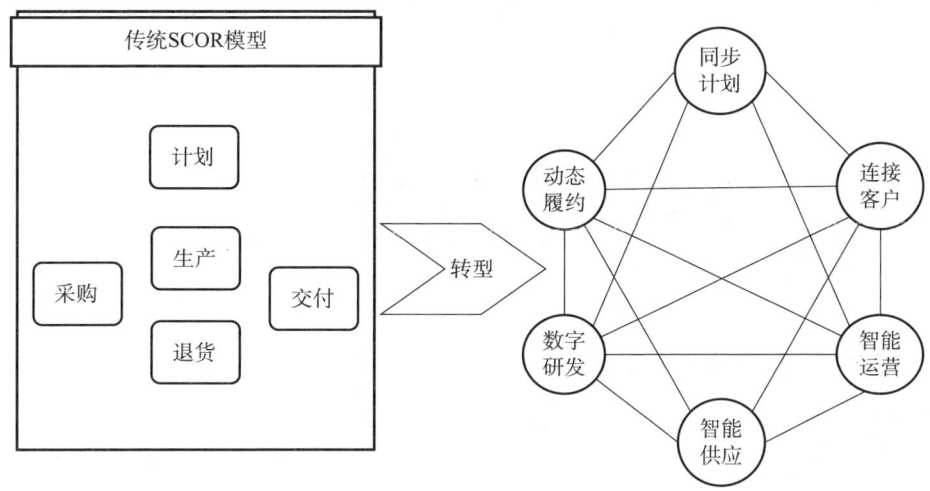

图 2-6　传统 SCOR 模型转变为 DCM 模型

复习思考题

1. 简述供应链及供应链模式的产生背景。
2. 效率型供应链和响应型供应链的产品匹配策略是什么？
3. "推拉"结合的供应链系统的特点及其应用场景有哪些？
4. 简述数字供应链的产生背景。
5. 数字供应链的典型特点有哪些？
6. 传统供应链 SCOR 模型和数字供应链 DCM 模型的区别与联系是什么？

培训课程 2

采购管理基础知识

学习单元 1　采购管理概述

一、采购的概念及分类

1. 采购的概念

狭义的采购限于"购买"的方式，由买方支付对等的代价，向卖方换取物品，即所谓的"一手交钱，一手交货"。买方将"货币"转让给卖方，而卖方将"物品"转让给买方，在买卖双方的交易过程中，一定会发生"所有权"的转移及占有。所以，在狭义的采购过程中，"货币"成为交易的中介，买方若没有"货币"，采购行为将难以实现。在狭义的采购活动中，买方一定要先具备支付能力，即拥有货币，才能通过换取他人的物品来满足自身的需求。

广义的采购指除以购买的方式占有物品以外，还可以通过租赁、借贷、交换和征收等方式取得物品的使用权，从而满足需求。

综上所述，采购是通过各种不同途径，采用购买、租赁、借贷、交换及征收等方式，取得物品或劳务的使用权或所有权，以满足使用的需求。

2. 采购的分类

（1）商品采购按采购商品用途分类可分为工业采购和消费采购

工业采购是为了保证生产、经营活动的正常进行而进行的采购行为。工业采购通常是机关、企业等机构理性的集体行为，其采购数量较大，价格相对稳定。

消费采购是个人为了消费目的而以一定的代价获得物品的所有权或使用权的采购行为。消费采购的随意性较大，主要为满足个人消费需求，其动机带有个人喜好，采购量也相对较小。

(2)商品采购按采购主体分类可分为个人采购和集体采购

个人采购是消费者为满足自身需要而发生的购买消费品的行为。个人采购一般是单一品种单次、单一决策、随机发生的，且具有很大主观性和随意性。

集体采购通常是指两个以上的人共用的商品采购行为。集体采购一般是多品种、大批量、大金额、多批次甚至是持续进行的，直接关系到多个人的集体利益，故往往由集体决策。

(3)按采购的科学化程度分类

商品采购按采购科学化程度可分为传统采购和科学采购。

传统采购通常是指议价采购，是采购者按照采购品种、数量、质量等方面的要求，货比三家，通过谈判达成一致并得以成交的采购行为。

科学采购通常是指在科学理论的指导下，采用科学的方法和现代科技手段实施的采购行为。科学采购根据指导理论和采取的方式方法不同，可划分为订货点采购、JIT采购、MRP采购、供应链采购、招标采购和电子商务采购等。

3. 采购的特点

(1)物资采购数量大

物资采购数量大，主要是生产资料采购数量与生活资料采购数量相比较而言的。采购物资的数量大，是由于产品生产过程中物资消耗量大造成的。

(2)采购技术性高

采购工作的技术性要求高且严格，它要求采购工作人员必须具备识别、鉴别能力，识别的职能着重在商品使用功能能否满足消费要求上；鉴别的职能着重在商品的真伪、质量的好坏、效能的高低和性能的强弱上。

(3)采购筛选性强

采购筛选性强主要体现在对专用、通用的大型设备进行技术经济评价的过程中。这是由大型专用和通用设备的使用周期长、投资额大以及在生产中的关键作用等因素决定的。

(4)采购选择性强

社会产品在生产过程中的物资消耗和设备使用，具有很强的专用性。这种专用性反映了产品生产中的某些方面需要物资的替代性差。而物资的专用性和替代性差的特点，体现在采购上就是选择性较强。工艺技术的具体要求是选择的依据。物资本身的外在、内在质量特征是选择的标准。适用性是选择的目的。

(5)采购具有齐备性

采购的齐备性强调根据生产过程中的物资消耗和使用情况，组织工程项目所需的各种物资进行数量配套采购。采购的齐备性对组织连续生产建设是非常重要的。做好配套采购，达到供应齐全的要求，才能更好地开展生产活动。

（6）采购具有连续性和均衡性

一般情况下，企业的生产和经营活动具有连续性和均衡性。采购活动的连续性是指根据每日平均消耗的商品数量和储备总量，不间断地采购商品。采购活动的均衡性是指储备定额和采购次数，均衡地确定每次采购批量和采购间隔期。

二、采购的地位与原则

1. 采购的地位

（1）采购的供应地位

采购在企业的供应链中占据源头地位。供应物流是保证企业生产经营正常进行的必要前提。采购为企业保证供应、维持正常生产和降低缺货风险创造了条件。物资供应是生产的前提条件，生产所需的原材料、设备和工具都要由采购来提供。没有采购就没有生产条件，没有物资供应就不可能进行生产。

（2）采购的质量地位

质量是企业的生命。一般企业都按照质量的控制顺序将其划分为来料质量控制、过程质量控制及出货质量控制。供应商的物料质量控制得好，不仅可以为生产质量控制打好基础，同时可以降低质量检验的成本。

（3）采购的成本地位

采购部门开展采购商务活动时，须投入大量精力到如何降低采购成本的活动中。包括前期参与新产品或新项目的开发，进行价值工程分析，使采购物料达到最佳性价比，推进产品标准化，使降低采购成本从产品开发设计开始。采购部门还要同需求部门充分沟通，尽早了解需求部门对物料的质量、技术及交货期的要求，使采购与生产进度同步化，以便获得更多的时间进行询价比价，选择成本更低的供应商，从而取得采购主动权。

2. 采购的原则

（1）合作性原则

合作性原则是指参与采购的企业都要有合作精神。供应商、制造商、分销商和客户之间只有具备良好的合作精神才能建立起战略伙伴关系，从而保证信息的有效传递，并以此实现互惠共赢。

（2）互惠原则

互惠原则是指通过采购活动的施行，使得购销双方的成本得以降低，从而实现各方利益的最大化。

（3）目标一致性原则

目标一致性原则是指参与采购的各方都明确各自权责，并在观念上达成一致。如库存放在哪里，何时支付，是否需要管理费等问题都要解决，并且要体现在采购协议中。

三、采购管理的概念及趋势

1. 采购管理的概念

所谓采购管理，是指为保障企业物资供应而对企业采购进货活动进行的管理活动。

采购管理是对整个企业采购活动的计划、组织、指挥、协调和控制的一种管理活动。采购管理是面向整个企业的，不仅有采购人员，还有其他人员（一般进行有关采购的协调配合工作）。而采购是具体的采购业务活动，是作业活动，一般由采购人员承担工作，只涉及采购人员个人。

2. 采购管理的内容

采购管理是对采购整体活动的管理过程，涉及采购人员、采购部门、采购过程、供应商和采购结果等。采购管理的目的是以最低的成本保证采购工作的正常进行，并避免因采购中的问题而影响企业生产和产品质量。从实务操作的角度来看，采购管理主要包括物料质量管理、采购成本管理、库存控制、供应商管理和采购信息管理五个方面。

3. 采购管理的方法

（1）建设信息基础系统

首先建立企业内部网、外部网，并且与因特网连接。其次，开发管理信息系统，建立企业电子商务网站，建设信息传输系统。此外，还要进行标准化、信息化的基础建设，如 POS 系统等。

（2）选择供应商

首先要成立供应商评选小组，制定并实施供应商评价程序。然后分析市场竞争环境，确认客户需求，建立供应关系。此外，还要确立供应商选择的目标并建立供应商评价机制，寻找理想供应商。最后通过调查、收集有关供应商全方位信息，进行供应商的选择与合作。

（3）建设采购机制基础

在采购实施过程中，根据实际需要来选择不同的采购策略，在做相应的选择之前要完善采购机制基础建设，具体包括供应商管理库存、连续补充货物、数据共享机制、自动订货机制、准时化采购机制、付款机制、效益评估和利益分配机制等。

（4）实施采购计划

把制订的采购计划落实到采购人员，根据既定计划实施，通过反复审核和信息化处理监控整个采购计划的实施过程。

（5）评价采购活动

通过建立绩效评价机制对每一次的采购活动进行评价。对于供应商，可以通过质量绩效指标和数量绩效指标对其进行客观评价。对于采购部门，可以通过采购计划完成率、采购成本降低率以及采购资金的使用情况等进行评价。对于采购人员，可以通过价格绩效指标、时间绩效指标、采购效率指标等对其进行评价。

4. 采购作业的流程

企业的采购活动大体上可以分为四个阶段，即准备阶段、决策阶段、供需衔接阶段和进货作业阶段，如图2-7所示。

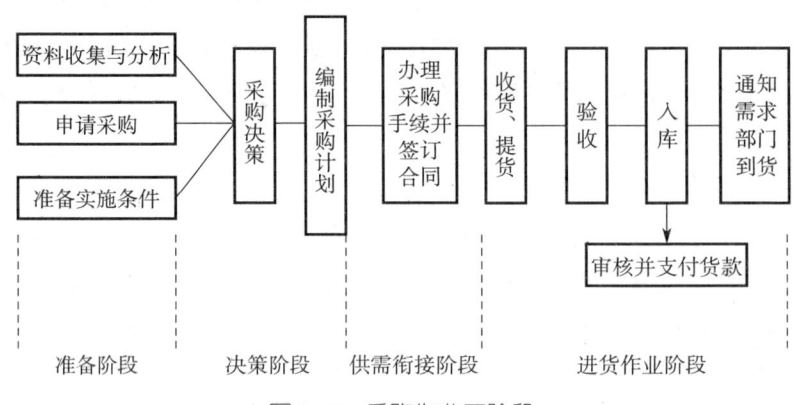

图2-7 采购作业四阶段

（1）准备阶段

1）资料收集与分析工作应在进行采购决策和组织采购之前进行，企业要加强基础数据和各种信息资料的收集、整理、加工工作，建立市场采购信息管理系统，以充分发挥各种信息的作用。企业要收集和分析的资料主要包括以下五种。

①环境因素的资料，如经济发展前景、国家经济政策，有关市场购销、经济合同、物价管理等的法律法规，以及技术创新、利率变化等情况。

②商品需要情况资料，如流通企业的销售量、库存量等。

③统计资料，包括企业进、出、存、运的历史资料并分析其变化动态。

④采购商品的特点，即所需商品的性能，对运输、保管条件的要求，采用替代品的可能性。

⑤供货条件和市场动态资料，包括能提供所需商品的供货单位及其商品质量、价格、运费、服务水平、供货能力等，以及市场上商品供求和价格变动趋势。

2）需求部门申请采购。需求部门是所采购商品的实际使用者，通常先由他们提出购买建议，可使采购更符合实际需要，也可加强需求部门对商品采购工作的责任感。

3）准备实施条件。准备实施条件是指商品采购中人力、物力和资金的组织安排。

①人力组织安排。商品采购涉及企业的方方面面，这些部门、人员承担着不同的角色。人力组织要考虑采购中心作用的有效发挥，建立具体组织采购业务的职能机构和专业采购队伍，建设一套科学的企业采购管理体制和严密的采购工作制度。

②物力组织安排。采购的商品资源经过复杂的物流过程才能最终到达企业，需要一系列与商品运输、装卸、检验、保管有关的物力组织工作，如运输工具、装卸设备

的选择和安排，保管场所、保管设施设备、保管方法的确定等。

③资金组织安排。采购资金是实现商品采购的根本条件，资金组织安排的具体内容包括资金的筹集、资金的投入、资金的周转以及资金的增值等。

（2）决策阶段

这是采购过程最主要的阶段。采购决策水平对实现采购目标有重大关系，是采购质量好坏的关键。进行市场采购决策，一般要回答以下几个方面的问题。

1）采购什么商品？即确定采购商品的品种规格。

2）共采购多少？即确定计划期的采购总量。

3）向谁采购？即选择市场供应渠道和供应商。

4）如何采购？这是解决市场采购的形式和方法问题，如现货采购还是远期合同采购，同种商品向一家采购还是向多家采购，定期、定量采购还是随机采购等。

5）一次采购多少？即决定采购批量。

6）什么时候提出采购？即确定采购时间和进货时间。

（3）供需衔接阶段

企业采购部门根据采购计划与供货单位协商，亦可委托经纪人，按采购要求办理采购手续，签订采购合同。

（4）进货作业阶段

完成好进货作业各环节的组织工作是实现采购目标的重要保证。进货作业组织工作包括采购合同管理，商品的接运或提运，到货商品检验、入库、付款结算，以及通知销售部门到货等。

5. 采购管理的发展趋势

近些年来，在采购领域内出现了很多新事物或新趋势，还有一些新趋势正在形成，如采购过程自动化、采购需求定制化、采购渠道立体化。

（1）采购过程自动化

采购活动的最大趋势之一是各种任务的自动化。从预算立项到合同验收，全过程使用人工智能来帮助采购人员进行安全、高效的采购。全程无纸化办公，不仅为企业采购自动化提供基础，更为企业绿色可持续发展带来保障。

（2）采购需求定制化

企业需求和发展的不同决定了企业在实施采购项目的过程中必然存在差异。面对瞬息万变的市场环境，企业采购需求也在不断变化。所以，根据企业具体需求来定制平台功能的运营服务能够解决不同企业的采购需求，这也是数字化采购中越来越重要的部分。

（3）采购渠道立体化

随着商业逐渐向专业化方向发展，采购渠道结构将会呈现立体化。采购商、生产商、渠道商、代理商、个体专业供应商，构成了一个有机的供应渠道网络和信息系统。企业可以通过电子采购系统的供应商管理模块，将原来采购供应点对点的渠道改为采购供应渠道"面"的网络化与系统化，提高采购效率，降低采购风险。

 **相关链接**

采购的外延及相关关系

1. 采购的外延

与采购有关或相近的一些概念还有供应、订购、前期采购、后期采购以及战略采购等。

（1）供应（supply）

供应是指供应商或卖方向客户或买方提供物品或劳务的过程。

（2）订购（order）

订购是指采购下订单的过程。

（3）前期采购（initial purchasing）

前期采购是指在采购过程中，下订单之前的相关工作，如确定采购需求、选择供应商、签订合同等。

（4）后期采购（after purchasing）

后期采购是指在采购过程中，自下订单开始以后的相关工作，如下订单、跟单、过程控制等。

（5）战略采购（strategic purchasing）

战略采购是指在宏观范围内确定采购资源，建立最优供应商体系及战略伙伴关系。

采购相关概念之间的关系如图2-8所示。

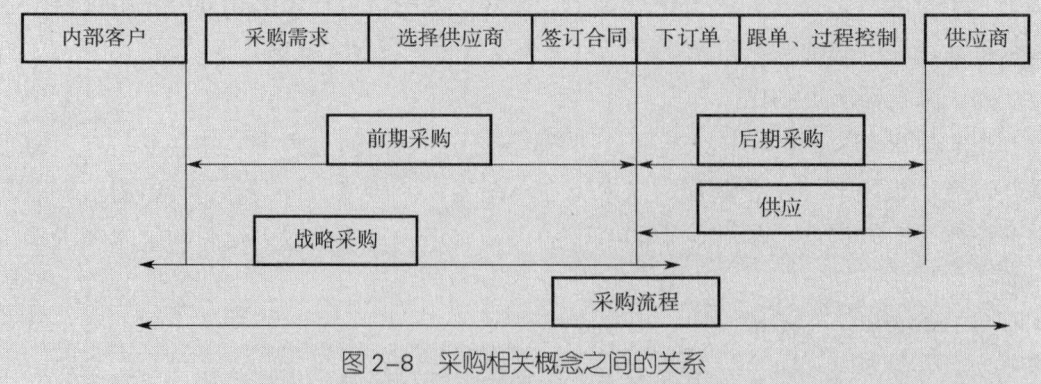

图2-8 采购相关概念之间的关系

此外,加工定制也常被认为属于采购的范围。加工定制是指委托其他厂商按本企业确定的规格、型号、质量要求等加工制造产品的采购活动。

2. 相关关系

(1) 采购与供应的关系

采购是通过各种不同的途径,以购买、租赁、借贷、交换等方式,取得物品及劳务的使用权或所有权,以满足使用的需求的过程。而供应是指供应商或卖方向买方提供产品和服务的过程。采购是从企业的外部环境中获得资源,而供应则是将这些资源供应给内部客户。采购和供应是一个连贯的动作,一个对外一个对内,二者相辅相成,具体关系如图2-9所示。

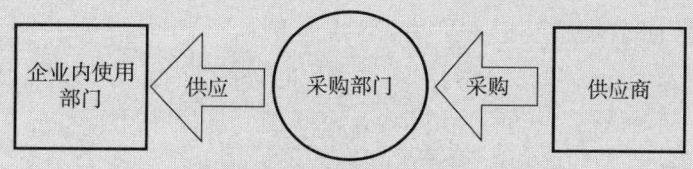

图 2-9 采购与供应的关系

一些公司把采购与供应合并到一个部门完成,是考虑到动作的连贯性和一致性。而另一些公司把采购和供应分开至两个部门完成,则是考虑到采购计划的准确性和及时性。对于小公司来说,采购供应就是一个动作;而对于大中型公司来说,如何合理分配采购和供应的职能具有比较大的意义。

(2) 采购与购买的关系

采购一般是商业行为,购买则是自然行为。一般而言,采购是一套包括购买行为在内的程序,有相关的要求和规定,且多涉及成批量的大宗材料的采购。而购买通常表示为具体的行为,比较随意、直接,其更倾向于具有零售性质。

学习单元 2　供应链视角下的采购管理

一、采购与供应链协同管理

1. 供应链协同的认知

供应链协同管理是一种创新、敏捷、融合的管理体系，就是对系统工程中各个分系统、子系统进行空间、时间、功能、结构、流程等重组、重构，实现"同步—关联—合作—竞争—协同"的溢价增值作用。

（1）供应链协同的概念

供应链协同是指供应链上分散在不同层次和价值增值环节，具有特定核心竞争优势的企业，通过企业协议或联合组织等方式结成一种网络式联合体。在这种联合体中，供应商、制造商、分销商、客户均以信息技术为基础，以文化价值观为纽带，从供应链的全局出发，企业之间相互协调、相互支持、共同发展，为实现共同的目标而努力。

（2）供应链协同的本质

供应链协同的本质就是针对供应链整体战略及各环节的业务流程、关键信息、物流配送、资本资金、相关商流等要素所进行的重构优化管理，是为提高核心竞争价值而进行的相互交互和彼此协调的组织行为。供应链协同是供应链管理中的重要组成、重要工具和重要手段，目的是应对竞争加剧和环境动态性强化，更有效地利用和管理供应链资源。

（3）供应链协同的价值

供应链协同的主要价值是创新供应链商业模式，调整供应链结构，优化供应链流程，共享供应链信息，规范供应链物流，最终实现供应链价值传递并增值，构造竞争优势群和保持核心竞争力。例如，自华为公司实施供应链协同管理以来，其库存和订单的准确值从 96% 提高到了 99%。

2. 采购与供应链协同管理

采购与供应链的协同管理是对供应链上各节点企业的合作进行管理，是为了提高供应链的整体竞争力而进行的彼此协调和努力。

（1）建立采购与供应链管理系统

建立企业采购与供应链管理系统，首先需要将涉及企业采购的各个环节纳入整个供应链管理的系统中，保证采购过程中各环节之间的信息畅通，提高工作效率。同时，通过信息共享，合理地利用和分配资源，为企业带来最大的效益。

（2）采购与供应链协同管理的原理

采购与供应链协同，是通过将供应链上分散在各地的，处于不同价值增值环节（如资源提供、研究开发、生产加工、物流服务和市场营销等），具有特定优势的独立企业联合起来，以协同机制为前提，以协同技术为支撑，以信息共享为基础，从系统的全局观出发，促进供应链企业内部和外部协调发展，在提高供应链整体竞争力的同时，实现供应链节点企业效益的最大化目标，开创"多赢"的局面。

（3）采购与供应链协同管理的措施

通过协同化的管理策略使供应链各节点企业减少冲突和内耗，更好地进行分工与合作。要实现供应链的协同运作，供应链各节点企业须采取如下措施。

1）树立"共赢"的思想，为实现共同的目标而努力。

2）建立公平公正的利益共享与风险分担机制。

3）在信任、承诺和弹性协议的基础上进行广泛且深入的合作。

4）搭建基于 IT 技术的信息与数据共享平台，实现及时沟通和快速决策。

5）进行面向客户和协同运作的业务流程再造。

二、供应链视角下的采购组织与人员

1. 采购组织的定义

采购组织是指为了完成企业的采购任务，保证生产经营活动顺利进行，由采购人员按照一定的规则组建的一个采购团队。

2. 采购组织的功能

（1）协调功能

采购组织的协调功能是指正确地处理采购组织中复杂的分工协作关系，包括：组织内部的纵向、横向关系的协调，使之密切协作；组织与环境关系的协调，采购组织能够依据采购环境的变化，调整采购策略，以提高对市场环境变化的适应能力和应变能力。

（2）制约功能

采购组织是由一定数量的采购人员构成的，每一位采购人员承担的职能，有相应的权利、义务和责任。而这些权利、义务、责任组成的结构系统，对组织的每一位采购人员的行为都有制约作用。

（3）激励功能

采购组织的激励功能是指在一个有效的采购组织中，应该创造一种良好的环境，充分激励每一位采购人员的积极性、创造性和主动性。

3. 采购组织的结构形式

企业策略的执行必须有适当的人员编制与组织结构。采购组织结构的方式应视具体情况作出必要的调整，以适应环境的变化。常见的采购组织结构主要有以下四种形式。

（1）直线制的采购组织结构

直线制是由一个上级主管直接管理多个下级的一种组织结构形式。直线制采购组织的优势在于"直接指挥"，可以做到：加大管理控制的力度；实现有效沟通，使管理符合实际；实现个性化管理。这种结构适合中小型企业的采购管理。

（2）直线职能制的采购组织结构

这种组织形式是在直线制的基础上，再加上相应的职能管理部门，帮助采购经理决策，承担管理的职能。职能部门对采购部门没有直接管理权，采购部门接受采购经理的直接管理。

（3）事业部制的采购组织结构

事业部制又称分权结构或部门化结构，首创于美国通用汽车公司。事业部一般按"地区"或"产品类别"，对企业赋予的任务负全面责任。事业部制的采购组织结构适用于采购规模大及品种多、需求复杂、市场多变的企业采购管理。

（4）矩阵制采购组织结构

矩阵制采购组织结构是为了完成指定任务（项目）由各个方面的人员组成临时的一个组织机构。当任务完成后，人员各自回原单位（部门）工作。这种组织结构突破了一名采购人员只受一个主管领导的管理原则，而是同时接受两个部门的领导。它主要适合生产工序复杂的企业。优点是采购的目的性强，组织具有柔性化的特点，能够提高企业的采购效率，降低采购成本。缺点是双重领导容易导致职能部门之间的意见不一致。

4. 采购部门在企业组织中的地位

企业的性质、最高决策者的观念或重视采购的程度，采购物料成本占企业营业成本的比例大小等都会影响采购部门在企业中的地位。小型企业一般无独立的采购组织，或只指定一人专办或兼办采购。中型企业大都将采购与仓储作业合并管理。大型企业多设有专职机构独立办理采购。按隶属关系划分，企业采购部门的归属管理主要有以下四种类型。

（1）采购部门隶属于生产部副总经理管理

如图 2-10 所示，采购部门隶属于生产部副总经理管理，采购工作的重点是提供足够数量的物料以满足生产的需求，至于议价的功能则退居次要地位。这种方式比较适合"生产导向"的企业，其采购功能比较单纯，并且物料价格也比较稳定。

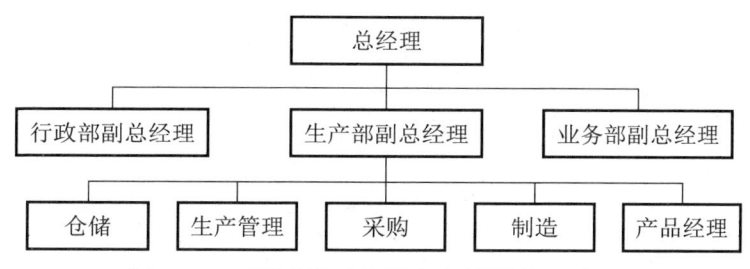

图 2-10 采购部门隶属于生产部副总经理管理

（2）采购部门隶属于行政部副总经理管理

如图 2-11 所示，采购部门隶属于行政部副总经理管理，采购部门的主要功能是获得较佳的价格与付款方式，以达到财务上的目标。对于生产规模庞大，物料种类繁多，采购价格经常需要调整，采购工作必须兼顾整体企业产销利益的均衡的企业，将采购部门归属于行政部门比较合适。

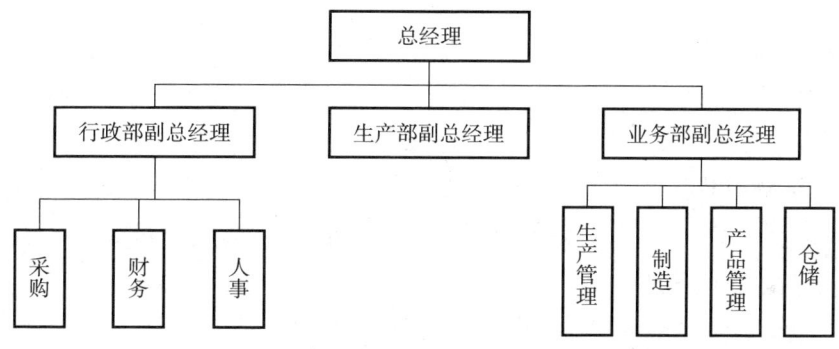

图 2-11 采购部门隶属于行政部副总经理管理

（3）采购部门直接隶属于总经理管理

如图 2-12 所示，采购部门直接隶属于总经理督导，提升了采购的地位与执行力。此时，采购部门的主要功能在于降低成本，使采购部门成为企业创造利润的另一种来源。这种方式比较适合生产规模不大，但物料或商品的采购成本在制造成本或销售成本中所占比重较高的企业。

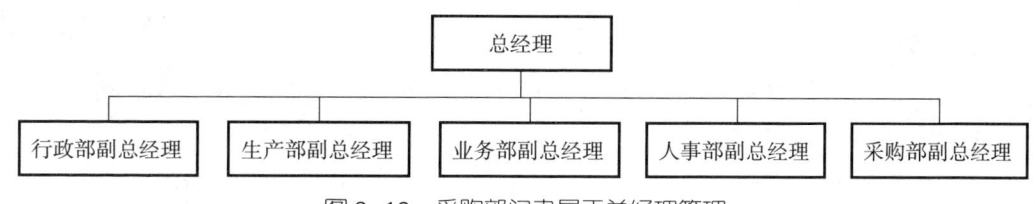

图 2-12 采购部门隶属于总经理管理

（4）采购部门隶属于资材部副总经理管理

如图 2-13 所示，采购部门隶属于资材部（或资料管理部）副总经理管理，其主要的功能在于配合制造与仓储单位，达成物料整体的候补作业，无特别角色与职责，甚至可能降至附属地位。因此，采购部门隶属于资材部管理，比较适合物料需求管制不易，需要采购部门经常与其他相关单位沟通的企业。

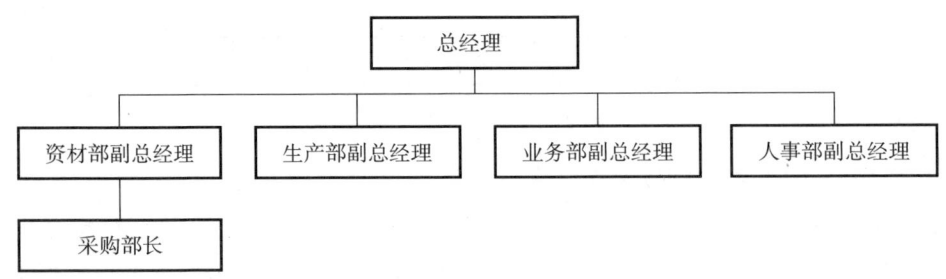

图 2-13　采购部门隶属于资材部副总经理管理

三、供应链视角下的供应商选择与管理

供应链管理思想体现了系统性、协调性、集成性、同步性，而供应商管理是实现供应链管理上述思想的一个重要步骤。例如，企业参与到供应商的产品设计和产品质量控制过程中，这种同步化和集成化的运营是供应商管理的重要模式。

供应商的选择和管理是采购管理的重要工作之一。供应商选择和管理的若干问题，其目的就是帮助企业建立起一个稳定可靠的供应商队伍，为企业生产提供可靠的物资供应。

1. 供应商管理的概述

供应商是指直接向零售商提供商品及相应服务的企业及其分支机构、个体工商户，包括制造商、经销商和其他中介商，或称为"厂商"，即供应商品的个人或法人。按照不同的角度，供应商可分为不同的种类。

按供应商的规模和经营品种分类，可将供应商分为四类。

（1）"专家级"供应商

"专家级"供应商是生产规模大、经验丰富、技术成熟，但经营品种相对少的供应商。"专家级"行业领袖类供应商的目标是通过竞争来占领广大市场。

（2）"低量无规模"供应商

"低量无规模"供应商是经营规模小、经营品种少的供应商。这类供应商生产经营的品种数量比较灵活，但增长潜力有限，其目标仅是定位于本地市场。

（3）"行业领袖"供应商

"行业领袖"供应商是生产规模大、经营品种也多的供应商。这类供应商财务状况比较好，其目标为立足本地或国内市场，并且积极拓展外地或国外市场。

（4）"量小品种多"供应商

"量小品种多"供应商是生产规模小，但经营品种较多的供应商。这类供应商的财务状况不是很好，但其潜力可培养。

根据"二八法则"可以将采购物品分为重点采购品（占采购金额80%的20%的采购物品）和普通采购品（占采购金额20%的80%的采购物品）。相应地，也可以将供应商按照"二八法则"进行分类，分为重点供应商和普通供应商，即占80%采购金额的供应商为重点供应商，而其余只占20%采购金额的供应商为普通供应商。

供应商管理，就是对供应商的了解、选择、开发、使用和控制等综合性管理工作的总称。其中，了解是基础，选择、开发、控制是手段，使用是目的。供应商管理的目的，就是要建立起一个稳定可靠的供应商队伍，为企业生产提供可靠的物资供应。对供应商加强管理，利于提升企业核心能力；利于新产品的开发；利于降低商品采购成本；利于提高产品质量；利于降低库存水平；利于缩短交货期；利于优化资源配置。

2. 供应商选择的因素

在市场经济条件下，企业采购的外部环境发生了重大变化，主要体现在进货渠道多、价格差异大、质量难以控制、采购风险大等方面，这对企业采购工作提出了新的要求。合理地选择供应商会直接影响到采购的品质，同时也是做好供应商管理的前提和关键环节。

在实施供应链合作关系的过程中，市场需求将不断变化，必要时还需要根据实际情况的变化及时修改供应商的选择评价标准，或重新开始供应商的评价选择。因此，选择供应商是一个动态的过程，它不是一成不变的，情况发生了变化，选择的标准亦要随之改变。从供应链的角度看，对供应商的选择主要考虑以下7个因素。

（1）价格因素

供应商的产品价格决定了最终产品的价格和整条供应链的投入产出比，对生产商和销售商的利润率可产生一定程度的影响。供应商所提供的有竞争力的价格，并不意味着必须是最低的价格。这个价格是考虑了要求供应商按照所需的时间、数量、质量和服务后确定的。

（2）质量因素

供应商提供的产品质量直接决定了最终产成品的质量，决定了产品的使用价值，是一个很重要的指标。供应商必须有一个良好的质量控制体系，其提供的产品必须能够持续稳定地达到产品说明书的要求。对供应商提供的产品除了在工厂内做质量检验以外，还要考察实际使用效果，即检查在实际环境中使用的质量情况。

（3）交货提前期因素

对于企业或供应链来说，市场是外在系统，它的变化或波动都会引起企业或供应链的变化或波动，市场的不稳定性会导致供应链各级库存的波动。由于交货提前期的存在，必然会造成供应链各级库存变化的滞后性和库存的逐级放大效应。交货提前期越短，库存量的波动越小，就会使企业对市场的反应速度越快，对市场反应的灵敏度越高。由此可见，交货提前期也是重要因素之一。

（4）交货准时性因素

交货准时性是指按照订货方所要求的时间和地点，供应商将订购产品准时送到指定地点。如果供应商的交货准时性较差，就会影响生产商的生产。

（5）地理位置

供应商的地理位置对库存量有相当大的影响，如果物品单价较高，需求量又大，距离近的供应商有利于管理。购买方总是期望供应商离自己近一些，或至少要求供应商在当地建立库存。地理位置越近，送货时间就越短，意味着购买方紧急缺货时，供应商可以快速送到。

（6）生产供应能力

生产供应能力即供应商的生产能力，企业需要确定供应商是否具备相当的生产规模与发展潜力，这意味着供应商的制造设备必须能够在数量上达到一定的规模，能够保证供应所需产品的数量。

（7）供应商的信誉

守合同、讲信誉的供应商是企业选择时考虑的重要因素之一。在选择供应商时，应该选择一家有较高声誉、经营稳定以及财务状况良好的供应商。同时，双方应该相互信任，讲究信誉，并能把这种关系保持下去。

3. 寻找供应商的方法

选定适当的供应商，是许多企业与机构采购部门最重要的职责之一。一般而言，供应商的数量越多，选择适当供应商的机会就越大。因此，如何扩大寻找供应商的来源，也是采购人员相当重要的工作。寻找供应商，一般可通过以下四种途径来寻找供应商。

（1）利用现有的资料

管理较完善的企业，多会建立合格厂商的档案或名册，因此采购人员不必舍近求远，应该就现有的厂商去甄选，分析和了解他们是否符合要求，如品质良好、准时交货、合理的价格及必需的服务等。

（2）公开招标

政府机构一般以公开招标的方式来寻找供应商，使符合资格的厂商均有参与投标的机会，但此种方式用得较少。对于企业来说，这是一种被动寻找供应商的方式，若最适合的供应商不主动参与投标，恐怕很难达到公开招标的目的。

（3）阅读专业刊物

采购人员可从各种专业性的刊物中，获得许多产品供应商的信息，也可以从"采购指南""工商名录"等处获得供应商的基本资料。

（4）咨询协会或专业顾问企业

采购人员可以咨询相关行业协会，提供会员厂商名录。此外也可咨询专业顾问企业。这种方法适合于寻找来源稀少或取得不易的产品的供应商。

（5）利用互联网

供应商的寻找不应局限于本地或本国，也应该寻找外地或国外的供应来源。近些年来，利用网络或采购专业网站来寻找供应商的方式，也越来越普遍。

4. 供应商选择的方法

（1）直观判断法

直观判断法是根据调查了解各供应商情况，通过征询意见、经验判断、综合分析来选择供应商。这种方法较易掌握，但缺乏定量分析，所以一般还应与其他方法一起使用。

（2）综合评分法

综合评分法即合理规定各选择标准的权数，然后根据统计资料分别计算各准供应商相关因素的得分，选择其中得分最高者。

（3）采购成本比较法

当准供应商的产品质量和交货时间都能满足采购企业的要求时，便可进行采购成本比较，即分析不同的价格和采购中各项费用支出，从中选择采购成本最低的作为最佳供应商。

（4）招标法

招标法由采购企业提出采购（招标）条件，各供应商进行竞标，然后采购企业决标，与提出最有利条件的供应商签订购销协议。一般在采购数量大、供应企业多时，采用这种方法选择最佳供应商。招标可以是公开的，也可以是指定竞争招标。公开招标对投标者的资格不予限制，指定竞争招标则由采购企业预先选择若干供应商，再进行竞标和决标。招标法竞争性强，采购企业能在更广泛的范围内选择供应商，获得有利的供应条件。

（5）协商选择法

协商选择法由采购企业先选出供应条件较为有利的若干供应商，同他们分别进行协商，再确定合适的供应商。一般在可供单位较多，采购企业一时难以抉择时采用此法。

5. 供应商关系的管理

传统的供需双方之间的竞争关系与供应链管理下的双赢关系模式的采购特征有很大的不同，基于此，供应关系主要分为两大类。

（1）竞争关系模式

竞争关系是价格驱动的，这种关系模式的采购策略表现为：买方同时向多家供应商购货，通过供应商之间的价格竞争而受益，同时也保证了供应链的连续性；买方通过在供应商之间分配采购数量对供应商加以控制。买方与供应商之间是一种短期合同关系。

（2）双赢关系模式

双赢关系模式是一种供应商与企业之间共同分享信息，进行合作和协商的相互行为。这种关系模式的采购策略表现为：企业对供应商给予协助，帮助供应商降低成本、改进质量、加快产品开发进度；双方通过建立相互信任的关系提高效率，降低交易/管理成本；长期的信任合作取代短期的合同；信息交流较多。

双赢关系已经成为供应链企业间合作的典范，因此，要在采购管理中体现供应链思想，对供应商的管理就应集中在如何与供应商建立双赢关系以及维护和保持双赢关系上。

学习单元3 大数据时代下的采购管理

一、采购数字化转型的背景及其挑战

1. 采购数字化转型的背景

（1）不断提升的内外部要求

采购数字化转型（或者更宽泛的企业数字化，并不限于采购职能）的第一个背景是"现有的采购运营手段无法以有效和高效的方式满足不断提升的企业内外部需求"。采购部门会面临着来自各方面越来越多的期望。企业希望降低成本，将风险降到最低，建立高效的系统，以及扩大利润空间。政府希望企业在供应链的每个环节都能遵守既定标准和法律法规。客户希望企业管控好采购，还希望产成品"更快、更好、更低价"。另外，市场波动、更长的交货时间和日益困难的预测给各企业带来的挑战越来越大。采购面临的挑战来源于四个方面，如图2-14所示。

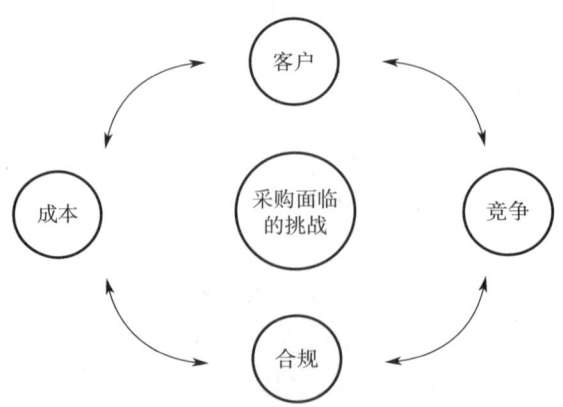

图2-14 采购面临的四个挑战

供应链的信息不流通将对企业运营造成重大影响，并损害企业与客户的关系，产生更多的成本，这些成本包括过高的库存水平、人工成本以及错过的增长机会等。

企业必须确保其总成本始终处于控制之中，以提升其盈利能力。从财务角度看，采购人员面临着"花更少的钱办更多的事"的压力。企业所面临的持续成本压力意味着控制及降低成本仍是未来采购工作的重点。

从合规的角度看，采购组织面临着比以往更大的挑战。政府和标准化机构陆续颁布越来越多的法律法规，以保护消费者和市场环境，增强采购工作的安全性。这一趋势将影响整个采购组织及其供应链发展。

随着物流行业的发展和进步，商品的流动变得越来越便利。如今企业的竞争对手来自全球各地，这种竞争是全方位、多方面的，不仅仅局限于价格，还包括交付能力、速度、质量、创新等。

（2）第四次工业革命

第四次工业革命，其核心变革是物理技术和数字技术的融合，现实生活和虚拟世界中的"万物"普遍互联。其特点是信息物理系统的自由交换数据和自主决策，人类将由此迈进"智能化时代"。"工业 4.0"是基于工业发展的不同阶段作出的划分。按照共识，"工业 1.0"是蒸汽机时代，"工业 2.0"是电气化时代，"工业 3.0"是信息化时代，"工业 4.0"则是利用信息化技术促进产业变革的时代，也就是智能化时代，在这个阶段制造商将包括物联网、云计算和分析以及人工智能和机器学习在内的新技术集成到他们的生产设施和整个运营过程中，将彻底改变企业生产、改进和分销其产品的方式。

在"工业 4.0"的浪潮之中，智能技术对供应链的自动化、监控和分析进行了彻底的革新，使供应链中的所有环节都变得智能，包括从智能制造和智慧工厂到智能仓储和智能物流。但"工业 4.0"并不局限于供应链领域，它还能与企业资源规划系统等后端系统互联，赋予企业前所未有的可视性与控制力。因此，"工业 4.0"是所有企业实施采购数字化转型的重要基础。

综上所述，不断提升的内外部需求是采购数字化转型的原动力，第四次工业革命则为采购数字化转型提供了技术基础。

2. 采购数字化转型面临的挑战

虽然我国大部分企业的采购方式仍是传统的采购方式，但管理者的数字化转型意识越来越强。通过资料调研和梳理，目前企业数字化采购转型面临的问题主要体现为：信息不对称、不可溯源；采购流程信息中的问题主要为端对端的信息无法达成共享、互通；价格对比单一，决策缺少依据；供应商选择与采购执行未分离；供应商来源单一，缺少合约机制；采购方式单一，指定供应商采购比重大；需求不明确，招标形式大于实际；采购交易模式落后。

3. 采购数字化转型的优势

采购数字化转型的优势在于，它改善了"供应链三流（产品流、资金流、信息流）"。尤其是信息流，采购数字化促进了采购部门内部、采购部门与其他职能部门，以及企业与供应商集群之间的协作。

采购数字化转型的具体优势可以归纳为七点，如图2-15所示。

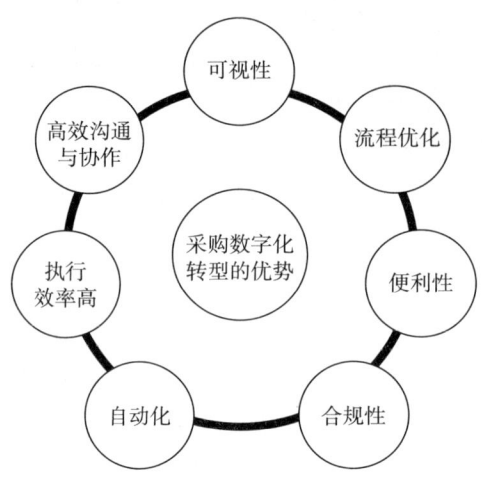

图2-15 采购数字化转型的优势

（1）可视性

由于所有的采购活动都在系统中完成，并且数据实时更新，采购数字化为采购和供应链管理流程提供了数据与信息的可视性，使决策者能够根据各种数据作出有依据的选择。

（2）高效沟通与协作

利用数字化工具，企业能够通过同一个电子采购平台管理所有供应商，以高效的方式进行即时通信。同时，数字化工具也为顺畅的协作创造了基础，帮助跨职能团队与供应商和内部利益相关者共同制定解决方案。

（3）执行效率高

数字化工具还可以显著提高程序执行的效率。由于交易不受营业时间或"有人在场"的限制，它们几乎可以随时随地进行。对于某些重复性的工作，使用机器人流程自动化工具，甚至不需要人与人之间的互动或人的参与，就能根据系统设置作出程序化反应，立即完成任务。

（4）自动化

自动化的意义不仅是缩短操作时间或减少人工错误，还可以将采购人员从繁重的文书工作和低效的手工作业中解放出来，使采购人员能够把更多的时间花在真正重要的工作上，即更具战略性或真正需要人工干预的任务，从而提升整体生产力。

（5）合规性

由于所有的采购步骤及相应的文件都被真实、实时地记录在系统中，给企业内部相关人员和外部供应商提供了前所未有的透明度。供应商的回应、投标文件以及历史活动都以数字形式储存下来，并带有时间戳。使得对采购人员和客户部门的招标过程、技术和商务评估结果以及备份文件等的审计工作可以很容易地进行，给内外部的审计工作提供了便利，从而显著提升采购流程的合规性。

（6）便利性

信息可以从任何地方获取，这些信息往往是实时的，反映了正在发生的事情的真实状态。当必须快速作出关键决策时，这一点尤其重要。另一个与便利性相关的是数字化工具的配置和扩展。大多数数字化都是基于云端的应用程序，可以根据企业需求进行配置或随着业务的发展而拓展。

（7）流程优化

在采用任何新系统之前，企业都需要对当前的流程进行梳理。通过消除不必要的步骤来优化工作流程，对于在数字时代不合时宜或者完全没有价值的做法应毫不犹豫地摒弃。

二、数字化赋能采购流程

1. 采购的价值

（1）采购的内部价值

采购部门传统上被视为成本节约的职能部门，许多企业甚至只关注采购部门所能完成的硬性成本节约目标。随着采购部门的职能逐渐成熟并慢慢转变为战略职能部门，采购部门所能提供的内在价值也逐渐被认可。采购的内在价值主要分为六个方面，见表2-1。

表2-1 采购的内在价值

内在价值	价值阐述
创新	采购部门位于由供应商、内部利益相关者和客户组成网络的中心，应将客户的需求同供应商的创新能力相匹配。通过明确的创新策略和差异化的供应商关系管理、供应商早期参与等举措，提高企业创新能力
质量	通过对供应商进行细分，采购部门与内部相关人员合作识别质量管理的重点和要求，建立完备的供应商绩效评估体系，制定质量缺陷追溯程序等举措，提升企业产品或服务的质量水平
可持续	对企业而言，最关键的可持续问题来源于供应链，作为连接企业与供应链的门户，由于采购决策具有"乘数效应"，采购部门会影响整个供应链，从而要求企业在整个供应链中具有可持续性的高标准
关系管理	采购部门是连接企业内外部的桥梁，无论是后端的供应商还是前端的客户，采购部门都连接着各种关系网络，在保障业务顺利开展的同时，也扮演着冲突发生时"调解人"的角色

续表

内在价值	价值阐述
风险	通过将多种信息（全球经济政治趋势、市场行业动态、地方具体情况等）汇总，采购部门对各种类型的风险提供早期预警，制订风险缓解计划，并采取相应的应急措施，防止供应链中断
效率	通过优化采购流程，用精益方法剔除冗余步骤，增强采购的敏捷性，采购部门有能力在快速交付方面提供价值

（2）采购的外部价值

外部价值包括降低成本（节流）和增加收入（开源）两方面。

降低成本（节流）是采购的主要职责，主要包括：成本节约；成本规避；价值工程；需求管理；运营资金改善。

增加收入（开源）方面，采购部门可以通过供应链并与工厂运营部门紧密合作，搜寻合适的回收商或第三方来出售或处理流速缓慢或过时的库存，从而变"废"为现金；同时也可以通过与供应商合作优化进度安排，将投产时间提前。

2. 各采购环节及其数字化工具

（1）采购流程

从狭义的角度讲，采购流程始于采购需求，结束于付款完成。采购流程具体包括从寻源到付款的一系列步骤，如图 2-16 所示。

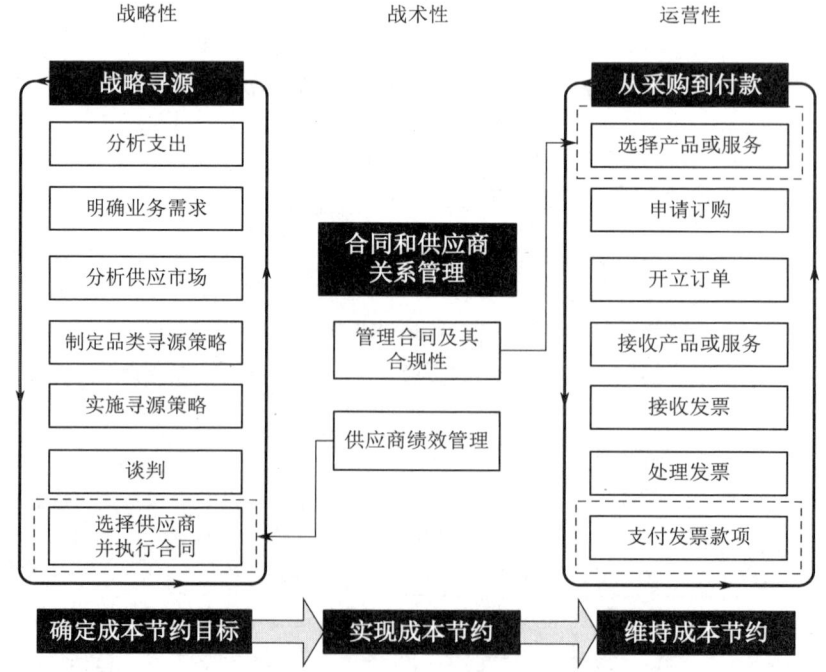

图 2-16 寻源到付款采购流程

（2）寻源到合同

在寻源到合同环节已经有非常成熟的数字化应用，即电子采购解决方案，概括而言，数字化转型对寻源到合同这一流程的增值体现在以下几个方面。

1）供应商寻源。当企业引入电子采购解决方案时，企业可以根据所需的材料和服务进行快速匹配，加快开发新供应商的速度，在必要的时候迅速获取新的供应源。

2）需求管理。在数字化转型之后，企业可以轻易地建立"无订单，无付款"的流程，也就是说，所有外部支出的请购单全部进系统，系统根据企业内部的治理程序和财务授权设置请购单的审批流程。根据需要，财务成本控制人员也可以被添加到审批流程中，以核实请购单的预算是否足够，这将极大增强采购部门管理支出的能力，并提高支出管理的覆盖率。

3）招投标流程。在招投标中，有许多文书工作通常是基于企业内部的治理程序和合规要求的，并不能产生任何价值。电子采购解决方案中的各个模块将完全消除采购环节产生的纸质文件，由此，整个寻源模块能够极大地增强可视性，改善合规性，从而缩短采购周期并节约成本。

（3）采购到付款

在采购到付款环节，企业也可以引入电子目录和电子市场等数字化工具，让用户部门获得类似于在电商平台上购物的体验，这将大大加快需求的匹配速度和采购速度。

（4）合同管理

在数字化转型后，当采购部门签下了一个条款优厚的框架协议并在系统中创建了合同，在用户部门提交新的请购单时，根据所输入的物料号，系统会提示对涉及该物料采购的有效合同进行检索。此外，大多数电子采购方案会储存在中央数据库的在线"合同档案库"中，所有签署过的合同都可以集中、分门别类地储存，非常便于检索。

（5）库存管理

库存管理面临多个挑战，每个挑战都对应其数字化解决方案，见表2-2。

表2-2 库存管理的主要挑战和数字化解决方案

主要挑战	数字化解决方案
人工库存追踪程序费时且易出错	通过基于云计算的库存管理解决方案集中管理、追踪数据，并提供实时数据备份和自动更新库存
问题库存的管理	将问题库存的数据（如位置、成本和数量等信息）输入系统目录，通过系统监控保质期，防止浪费
仓库空间管理	利用库存管理平台规划和设计仓库空间，将库存分类存储到货架、料箱和隔间，并实现订单拣选、包装和运输工作流程的自动化

续表

主要挑战	数字化解决方案
产品系列（组合）扩展	通过自动库存追踪提醒和调度功能，改善收货和放货计划，随时掌握产品在仓库中的位置和在途库存
库存损耗	使用库存控制流程，如用条形码和移动扫描仪进行收货，以防止人为错误、库存数据操纵和修改以及因盗窃或疏忽造成的库存损耗

（6）供应商关系管理

数字化工具可以通过跟踪供应商绩效表现及合规性、帮扶供应商创新等方面助力供应商关系管理。

（7）风险管理

在风险管理方面应用较广的数字化工具主要有大数据分析程序和基于人工智能的风险管理模块。

1）通过预测潜在的供应中断来降低风险。

2）通过深入了解供应商以识别、降低或消除风险。

三、电子采购

电子采购是指借助于计算机系统取代传统的文书系统，通过网络技术的支持完成采购工作的一种采购业务处理方式，也称网上采购。电子采购最先兴起于美国，它最初的形式是一种一对一的电子数据交换系统，随着计算机网络技术的不断进步，发展成现在的电子采购方式。

1. 采购信息化建设的意义

与企业推行其他信息化建设一样，采购信息化建设可以把流程、制度固化下来，避免执行走样；还可以提高工作效率，使过程全程可追溯，实现阳光化、规范化。除此之外，采购信息化还有其独特的一些价值，通过表2-3可以看到，传统模式和信息化模式下两种采购管理的差异。

表2-3 传统模式和信息化模式下两种采购管理的差异

管理内容	传统模式	信息化模式
制度管理	按金额大小分级设计管理，实践中出现分拆业务、规避招标的情况，往往偏离制度要求	可以通过流程设计、节点控制、功能设置、权限设置等手段来体现制度要求
	不同的采购品类特征需要不同的制度设计，制度设计过于复杂，不便于理解和执行	差异化的流程设计，给制度建设提供了空间

续表

管理内容	传统模式	信息化模式
成本管理	只能产生用于结算的结果数据,丢失大量的决策过程数据,事后无法追溯信息	可以从数据标准入手,充分设计数据采集标准,产生大量的市场价格信息
	预算价格往往不具有合理性,价格偏离误导采购决策	数据整理,通过大数据分析,优化预算的合理性
	价格比较只能针对当次采购,分析历史价格工作量大,发现跨组织价格差异更是难上加难	在决策过程中,实时集成数据信息,了解价格的区域差异、组织差异、供应商差异,甚至一个供应商价格的"前世今生"
供应商管理	资源分散,实际情况掌握在采购人员手中,企业管理层不掌握具体信息	设计供应商资料数据标准,按分类进行数据电子化管理
	管理标准不统一,各自按照自己的流程去操作	统一进行各种标准设计,根据采购战略设计绩效管理标准,落实到流程和功能设计上
	供应商评审凭印象管理,年底"走过场"	提高供应商绩效的多部门协作能力,提高自动化、数据化比重
流程	不同组织流程和做法差异很大	对具有相同供应链特征的品类进行统一的流程标准化
采购标准化推进	依靠标准文档应用来开展	固化到作业环节里面,推进标准化率

2. 电子采购的价值

电子采购没有标准的定义。从宽泛的定义上讲,任何利用信息技术促进内部和外部信息流动的采购手段都可以归入电子采购的范畴。英国皇家采购与供应学会将其定义为"利用互联网来操作所需服务或产品的请购、授权、订购、收货和付款等交易环节的采购过程"。

在推行电子采购的实践中。企业反馈的优势集中于:有助于缩短采购周期,提高采购效率;节约行政采购成本;优化采购流程;减少库存,提高资金利用率;实现信息共享与交易透明化。

3. 电子采购的实施路径

电子采购可以给企业带来很多方面的好处,因此,实施电子采购的路径也成为企业关注的重点,如图 2-17 所示的实施路径供读者参考。其中,信息化建设在企业中往往有集中采购方向与流程信息化方向。这两个方向又因企业类型、发展阶段不同而导致电子化建设的关注点不同。

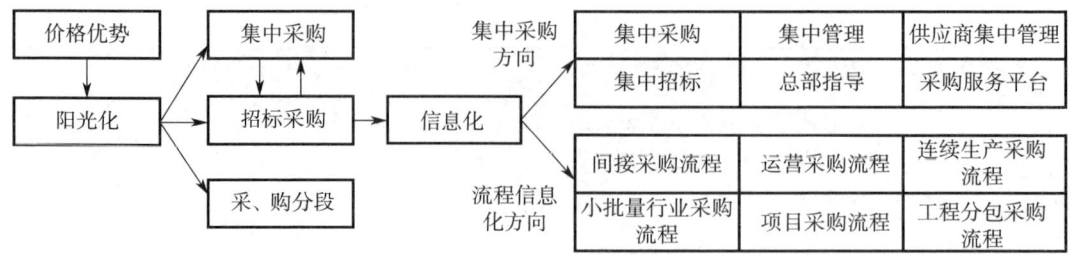

图 2-17　电子采购实施路径

4. 电子招标系统框架

以应用最广泛的电子招标采购管理系统为例,电子招标采购的系统框架包括四个部分：一个门户网站、两个平台、三个体系、四大采购资源库,如下所示。

一个门户网站：一个面向潜在投标人的门户网站。

两个平台：投标单位操作平台和采购业务内部工作平台。

三个体系：采购作业流程体系、供应商资源管理体系、评标专家库管理体系。

四大采购资源库：采购类别库、价格信息库、采购档案库、模板文件库。

复习思考题

1. 简述采购、采购管理的概念。
2. 简述采购应遵循的原则。
3. 简述采购作业的流程。
4. 简述采购管理的发展趋势。
5. 简述采购与供应链协同管理的措施。
6. 简述供应链视角下采购组织的功能与结构形式。
7. 供应链视角下供应商选择机制主要考虑的因素有哪些？
8. 按照供应商的规模和经营品种进行供应商细分,可分为哪几类？
9. 简述供应链视角下供应商的选择方法。
10. 简述采购的价值。
11. 简述电子采购的价值。
12. 简述采购数字化的优势。
13. 简述各采购环节及其数字化工具。

培训课程 3

物流管理基础知识

学习单元 1　现代物流概述

一、物流、物流管理定义及理解

1. 物流与物流管理定义

我国国家标准《物流术语》（GB/T 18354—2021）对物流（logistics）的定义是：根据实际需要，将运输、储存、装卸、搬运、包装、流通加工、配送、信息处理等基本功能实施有机结合，使物品从供应地向接收地的实体流动过程。

物流管理是为达到既定的目标，从物流全过程出发，对相关物流活动进行的计划、组织、协调与控制。

2. 物流定义的理解

（1）物流与流通

1）流通的内容。流通是联结生产和消费的纽带，生产是流通的物质基础，流通对生产起反作用，流通是国民经济现代化的支柱。

流通活动框架结构如图 2-18 所示。

资金流是在所有权更迭的交易过程中发生的，可以认为从属于商流；信息流则分别从属于商流和物流，属于物流的部分称为物流信息。流通实际上是由商流和物流组成的，它们分别解决两个问题：一个问题是商品从生产者所有转变为客户所有，即所有权的更迭问题；另一个问题是对象物从生产地转移到使用地以实现其使用价值，也就是实现物的流转过程。

2）商物分离。尽管商流和物流的关系非常密切，但是它们各自具有不同的活动内容和规律。在现实经济生活中，进行商品交易活动的地点，往往不处在商品实物流通的最佳路线上。如果商品的交易过程和实物的运动过程路线完全一致，往往会发生实物流路线的迂回、倒流、运输重复等不合理现象，造成资源的浪费。商流一般要经过一定的经营环节；而物流则不受经营环节的限制，它可以根据商品的种类、数量、交货要求、运输条件等，使商品尽可能地自产地通过最少环节，以最短的物流路线，按时、保质地送到客户手中，以达到降低物流费用、提高经济效益的目的。

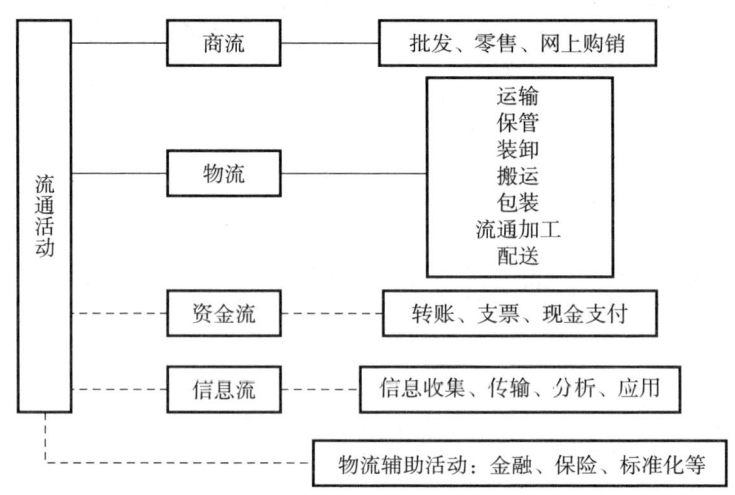

图 2-18　流通活动框架结构

（2）物流与生产

1）生产系统的组成。任何生产系统都是为了适应社会对某种产品的需求而形成的。也就是说，向社会提供一定的产品是生产系统存在的目的。而生产系统为了制造产品，必须占据一定的生产空间，拥有一定数量的加工设备，这样才能按照制造工序逐步将原材料加工成半成品，直至成品。

产品的制造过程即加工过程，每经过一道工序，被加工对象的形状、尺寸或性质将发生一次变化。加工活动的直接目的就是制造产品，所以它是生产系统中最主要的环节。

加工活动和物流活动是生产系统的两个支柱。通过物流活动把原材料运进生产系统，并使其依次在加工点之间流动，逐步形成半成品、成品直至出厂。没有加工，生产系统就失去了存在的意义；没有物流，生产系统将会停顿，也就失去了继续存在的必要条件。

2）物流对生产系统的影响。物流为生产的连续性提供了保障。原材料的供应、半成品在加工点之间的流转、成品的运出，只有依赖物流系统才能不间断地进行，使生产活动得以继续下去。

物流状况对生产环境和生产秩序有着决定性的影响。在生产空间中，加工点处于固定位置，只要加工设备能正常运转，就不会对系统产生干扰，而物流在生产空间中始终处于运动状态，物流路线在平面与立体空间中纵横交错，形成了遍布生产空间的立体动态网络。物流路线不合理，运行节奏不协调，都会造成生产秩序的混乱。

3）生产力的发展对物流的要求。在低生产力水平时期，物流是生产的附属活动。当产品数量少、生产节奏慢、物流量小时，生产系统对物流系统没有严格要求，物流只是作为生产加工的附属活动而存在的。

在高生产力水平时期，物流是生产的重要活动。在大批量生产或者大量定制时代，加工设备专用化加强，普遍采用了自动化程度较高的流水生产线。由于在有限的生产空间范围内，产品数量急剧上升，生产规模越来越大，被加工的产品在每个工位的进出、产品的短暂存放、产品流动的路线等，均需要严格的规划与布置。产品流动的通畅意味着生产过程可连续进行。因此，生产系统对物流系统也提出了更高的要求，现代物流科学在新的背景下诞生了，物流系统化、现代化以及物流技术都得到了进一步的发展。

（3）物流与市场营销

物流有时被称为市场营销的另一半，这是因为企业的物流系统承担着运输与存储的基本职能，与营销共同执行着满足客户需求的功能，因而对产品的销售起着重要的支撑作用。在某些情况下，物流服务运作水平的高低和物流系统运作成本的高低决定着销售的成败。

（4）现代物流是第三利润源

现代物流领域是一块待开垦的"黑土地"，是企业成本的"冰山一角"。通过降低物流成本，提高物流服务水平，可以提高物流服务的增值水平。第一利润源是指企业通过降低产品的物质消耗来降低产品成本，提高企业利润；第二利润源是指企业通过降低产品生产的劳动消耗来降低产品成本，提高企业利润。

二、现代物流分类

按照物流系统的作用、空间范围和系统性质不同，可以对现代物流进行分类。

1. 按照作用分类

（1）供应物流

提供原材料、零部件或其他物料时所发生的物流活动称为供应物流。在制造领域，供应物流指生产活动所需要的原材料、备品备件等物资的采购、供应活动所产生的物流活动；在流通领域，供应物流是指在交易活动中，从买方立场出发的交易行为中所发生的物流活动。企业的流动资金大部分被购入的物资材料及半成品等占用。

（2）销售物流

企业在出售商品过程中所发生的物流活动称为销售物流。在制造领域，销售物流指企业售出商品；在流通领域，销售物流指交易活动中，从卖方角度出发的交易行为中的物流活动。通过销售物流，企业得以回收资金，并进行再生产。

（3）生产物流

企业生产过程中发生的涉及原材料、在制品、半成品、产成品等所进行的物流活动称为生产物流。生产物流是制造产品的企业所特有的，它与生产流程同步。原材料、半成品等按照工艺流程在各个加工点之间不停顿地移动、流转，形成了生产物流。

（4）回收与废弃物物流

将经济活动或人民生活中失去原有使用价值的商品，根据实际需要进行收集、分类、加工、包装、搬运、储存等，并分送到专门处理场所的物流活动称为回收与废弃物物流。

2. 按照物流活动的空间范围分类

（1）地区物流

地区物流可以按行政区域划分，也可以按地理位置划分。地区物流系统对于提高该地区物流活动的效率，以及保障当地居民的生活福利环境，具有不可缺少的作用。

（2）国内物流

物流作为国民经济的一个重要方面，是国家总体规划的内容。全国物流系统的发展必须从全局着眼，应该清除部门分割、地区分割所造成的物流障碍。

（3）国际物流

世界发展的主流是经济全球化，国家与国家之间的经济交流越来越密切，经济发展的全球化必须促进物流的全球化，由于世界各国的物流政策、物流业务流程、物流基础设施具有差异性，客观上需要研究、协调、促进国际物流的发展。

3. 按照物流系统性质分类

（1）社会物流

社会物流一般指流通领域中发生的物流，泛指全社会物流的整体。就物流科学的整体而言，可以认为其主要研究对象是社会物流。社会物资流通网络是国民经济的命脉，流通网络分布的合理性、渠道的畅通性至关重要。

（2）行业物流

同一行业中的企业是市场上的竞争对手，但是在物流领域中具有很大的共性，常常需要互相协作，共同促进行业物流系统的合理化。行业物流系统化将使参与的各个企业都得到相应的利益。

（3）企业物流

企业是为社会提供产品或某些服务的一个经济实体。一个制造企业要购进原材料，对其进行若干工序的加工，形成产品销售出去。生产企业和流通企业围绕其经营活动所发生的物流活动称为企业物流。

三、现代物流的效用

1. 形态效用

形态效用是指在流通领域内，通过改变物品的形状、大小、组合形式来增加物品的价值。如流通加工领域中的材料切割、下料，散装物品的包装，大包物品的拆分、分装等，使新的物品形态便于客户使用与消费，便于物品的加工、储运与保管，使之更满足客户的各种需求等。形态效用主要是通过物流的流通加工功能来实现的。

2. 空间效用

物流活动通过把物品从供应地运送到接收地，使客户在该空间（或称为地点）就能获得所需要的物品，使该空间具有满足客户需求的效用，这就是物流的空间效用。空间效用主要是通过物流的运输功能来实现的。

3. 时间效用

物品要在客户所需的时间内被保质保量送达客户需要的地点，这就是时间效用。时间效用主要是通过仓储功能来实现的。当然，除仓储功能外，还需要科学合理的库存布局，在流通领域中，科学的物品保质技术也得到广泛应用。

四、现代物流服务的特性

物流服务是为满足客户需求所实施的一系列物流活动，其具有如下特性。

1. 从属性

由于客户的物流需求是以商流为基础，伴随商流而发生的，因此，物流服务必须从属于客户的需要来进行，表现为流通物品的种类、流通时间、流通方式、提货配送方式都是由客户选择决定的，物流企业只是按照客户的需求提供相应的物流服务。

2. 即时性

物流服务是非物质形态的劳动，它生产的不是有形的产品，而是一种伴随销售和消费同时发生的即时服务。

3. 移动性和分散性

物流服务的对象是分布广泛的、大多数是不固定的，所以物流服务具有移动性和分散性。它的移动性和分散性会使产业局部的供需不平衡，给经营管理带来一定的难度。

4. 需求波动性

由于物流服务是以数量多而又不固定的客户为对象的，他们的需求在方式上和数量上是多变的，有较强的波动性，因此，容易造成物流服务供需失衡。这是物流经营劳动效率低、费用高的重要原因。

5. 可替代性

物流服务的可替代性主要表现在两个方面。

一是从物流活动承担主体的角度看，产生于工商企业生产经营的物流需求，既可以由工商企业自身采用自营方式来完成，也可以委托给专业的物流服务供应商来完成。因此，对于专业物流企业，不仅有来自行业内部的竞争，也有来自货主企业的竞争。

二是从物流企业提供的服务品种看，由于存在着公路、铁路、水路、航空等多种运输方式，客户可以在对服务的成本和质量等各种相关因素权衡之后，自主选择运输形式。因此，不同运输手段之间便会产生竞争。物流企业的竞争不仅来自同业种内的不同企业，还来自不同业种的其他企业。

五、现代物流的发展趋势

纵观物流的产生和发展过程，可以看出，现代物流是经济、产业、技术等不断演化、升级的产物。它广泛吸收现代科学技术的最新发展成果，随着生产和流通革命的产生而不断进化，将专业化分工推进到更高的层次。伴随经济全球化、新一代产业革命和信息技术革命的发展，现代物流逐渐向着全球化、网络化、智慧化、绿色化、协同化、融合化的方向发展。

1. 全球化

伴随经济全球化的不断深化，越来越多的企业将生产、销售等经营活动的着眼点放在了全球，导致相当数量的大型跨国企业的出现。这些企业的出现不仅使人们可以在世界上的任何地方都买到相同品牌的产品，而且这一趋势也促成了企业产品的核心部件和主体部分标准化的进程。这些跨国企业要想取得竞争优势，获取超额利润，就必须在全球范围内进行资源的配置和利用。例如，在全球范围内选择生产基地和供应源，安排企业的生产活动，通过采集、生产、营销等方面的全球化实现资源的最佳利用，发挥最大的规模效益。生产企业的全球化布局带动了物流的同步全球化，进而推动了国际物流网络的一体化布局。

企业经营的全球化也使管理全球供应链的物流活动变得更加复杂。物流全球化与过去的贸易全球化带来的全球性货物运输有所不同，全球货运只是一种单一的物流全球化方式，而物流的全球化要求全球化的网络体系与之相适应，整体规划国际海运、空运和陆运等方式，将港口、航空等国际物流节点串联成网，使全球物流能更便捷、高效地运行。因此，构筑全球化的物流网络体系是摆在全球化经营企业面前的一道难题。

2. 网络化

在现代社会里，生产与流通的空间范围进一步扩大。电子商务的出现改变了商品销售的单一渠道。为了保障产品生产、流通过程中的原材料、半成品和成品供应得到充分保证，现代物流必须具备完善、健全、便捷、高效的物流网络体系。被直接用于进行物流作业的设施的数量、规模,以及地理位置、距离生产地和消费地的距离等因素直接影响着向客户提供服务的能力和成本。网络中节点之间物流活动保持协调一致,就可以保证在整个物流网络中保持最优的库存总水平与库存分布,将干线运输与支线端配送有机结合,形成运输快速、方式灵活的供应通道。

因此,构建一个高效便捷的物流网络是现代物流发展的重要基础,需要结合区域经济发展、交通条件、需求分布、物流线路等,统筹布局区域或城市物流节点和通道网络,在更大范围内把各种供给资源、需求资源、设施资源等组织起来,使之得到充分利用。

3. 智慧化

随着新一代信息技术,特别是互联网、物联网技术、大数据云计算以及人工智能技术的发展和广泛应用,经济社会基础设施发生了重大变革。互联网从过去作为信息互联互通的技术手段,到现在成为基础设施,信息流、商流与物流开始融合。这些颠覆了传统的基础设施都是硬件的理念,产生的是虚实一体的智慧基础设施变革,推动经济社会在新的基础设施上重构。

智慧物流基于物联网、移动互联网、云计算、大数据等新一代通信技术和信息技术,对物流网络中的物品、人员、设施和设备进行实时的管理和控制,使物流具备感知、记忆、逻辑、判断、决策等智慧功能的创新物流形态。在智慧物流背景下,物流数据将全面做到可采集、可传输、可分析,物流各环节之间的联系更加紧密、信息更加透明:物流作业逐步实现柔性自动化与无人化,大幅度提高物流效率;物流全程可视化成为可能,并能够积累庞大的智慧物流数据资源,进一步优化物流运作。例如,在城市物流配送领域,电商与快递物流最早应用物联网技术进行快递包裹的追踪与追溯,进而延伸到整个系统物流透明化管理,实现了全链路信息互通。在传统城市配送领域,线上与线下的信息连接先从车货匹配的信息互通开始,逐步向与仓储系统、门店系统、品牌商互联互通的深度连接方向发展。

4. 绿色化

绿色物流是现代物流可持续发展的必然。物流服务贯穿于社会经济活动的各个领域,仓库、配送中心、港口、运输车辆、船舶、飞机等物流基础设施,每天消耗巨量能源、产生大量碳排放。一般认为,产品从投产到售出,制造加工时间仅占10%,而几乎90%的时间花费在仓储、运输、装卸、分装、流通加工、信息处理等物流过程。因此,现代物流的发展必须从环保角度出发优化物流体系,注重环境效益,形成资源节约、环境友好的物流系统。

绿色物流旨在减少物流过程中对环境的危害,实现节能降耗,降低碳排放,实现对物流环境的净化,使资源得到最充分利用,实现物流可持续发展。从物流绿色化发展路径上分析,需要实现物流基础设施绿色化、物流作业绿色化、货物运输绿色化、物流包装绿色化和绿色物流管理创新。绿色物流的最终目标是可持续发展，实现物流效益与经济效益、社会效益、环境效益相统一。

5. 协同化

作为一种新型的资源优化配置方式和企业管理方式，供应链管理对全球经济的发展日益发挥更重要的作用。马丁·克里斯托弗教授曾说："21世纪的竞争不再是企业与企业之间的竞争，而是供应链与供应链之间的竞争。"

在供应链的整体运行中，最核心的是连接，连接是智能供应链的核心要素，在连接的基础上，由数据采集完成资源和信息的共享进而完成供应链环节的多方协同。而现代物流，是实现供应链上下游有机衔接、实现商品从生产地到消费地最终交付的"桥梁和纽带"。因此，供应链视角下的现代物流必须以物流活动为核心，协调供应领域的生产和进货计划、销售领域的客户服务和库存控制，与供应链整体进行集成与协调，实现与上下游柔性与稳定的衔接关系。同时也意味着现代物流需要与商流、信息流、资金流进行集成化管理，以实现整个供应链的计划和运作活动的协调。

6. 融合化

产业融合是指由于技术的进步和放松规制，在具有一定的技术与产品的替代性或关联性的产业间的产业边界和交叉处发生技术融合，或为了提供更好的产品和服务而发生在各个产业间的技术上和管理上的合作，使传统的产业边界模糊化或消失的现象。

随着经济的发展，科学技术进步，大规模生产、大批量消费使物流的规模日趋庞大，分立的物流产业已经不能适应经济发展的要求。新技术、新产业、新业态和新模式的不断出现，使得现代物流的内涵不断得到丰富和延伸，传统物流活动面临变革，物流与产业、科技的融合日趋深化。自20世纪90年代起，运输业、仓储业和邮政业呈现出技术融合、业务融合、产业融合的大趋势，形成现代物流产业。信息技术与传统物流技术相互融合，形成物流信息技术。现代物流高度依赖于数据、信息的采集、分析、处理和及时更新能力，条码技术、射频技术、网络技术、EDI（electronic data interchange，电子数据交换）技术等存在于整个物流过程中，正是由于这些信息技术的渗透而产生了现代物流业。现代物流与农业、制造业、商贸流通以及金融的跨界融合不断深化，如即时物流与智能化生产方式的高效融合、物流金融服务的快速发展、大宗商品交易与物流一体模式的应用等。现代物流的内涵和边界将不断得到延伸和丰富，进而进一步拓展市场空间。

学习单元 2　智慧物流概述

一、智慧物流现状及发展方向

1. 智慧物流产生的背景

伴随着社会经济的飞速发展，物流产业逐渐崛起，成为支撑国民经济的战略性产业之一，物流行业涉及多个领域，在服务商流、保证生产、方便生活等方面起到了不可替代的重要作用。近年来，我国物流体系不断扩充完善，物流业得到了各方的注意和投资，发展形势大好。当前，"互联网+"是各行各业积极践行的战略，以"互联网+"为驱动是我国社会经济发展的首要方向。随着物流业的不断发展，基于物联网、大数据等新一代信息技术的智慧物流理念被提出来并走向了实际应用。

（1）国家政策

截至 2022 年，我国出台的与大数据相关的物流行业规划和政策，主要包括《第三方物流信息服务平台建设案例指引》《商贸物流标准化专项行动计划》《物流业发展中长期规划（2014—2020 年）》《关于推进物流信息化工作的指导意见》等，将大数据、信息化处理方法作为物流行业转型升级的重要指导思想。

2011 年 11 月推出的《物联网"十二五"发展规划》将"信息处理技术"列为四项关键技术创新工程之一，包括海量数据存储、数据挖掘、图像视频智能分析。另外三项关键技术创新工程包括信息感知技术、信息传输技术、信息安全技术，也是大数据产业的重要组成部分，与大数据产业发展密切相关。

2013 年 6 月发布的《交通运输推进物流业健康发展的指导意见》提出，加快推进交通运输物流公共信息平台建设，完善平台基础交换网络；加快推进跨区域、跨行业平台之间的有效对接，实现铁路、公路、水路、民航信息的互联互通；加快完善铁路、公路、水路、民航、邮政等行业信息系统，推进互联互通，增强一体化服务能力，鼓励企业加快推进信息化建设。

2014 年 2 月发布的《第三方物流信息服务平台建设案例指引》对第三方物流信息服务平台建设的指导思想、基本原则、建设类型、建设标准、保障措施与考核要求等进行了具体说明，并收录了目前国内经营模式较为先进、取得较好经济社会效益的第三方物流信息平台建设案例。

2022 年 5 月发布的《"十四五"现代物流发展规划》指出，新一轮科技革命要求加快现代物流技术创新与业态升级。现代信息技术、新型智慧装备的广泛应用，现代产业体系质量、效率、动力变革的深入推进，既为物流创新发展注入新活力，也要求加快现代物流数字化、网络化、智慧化赋能，打造科技含量高、创新能力强的智慧物流新模式。以数字化、网络化、智慧化为牵引，深化现代物流与制造、贸易、信息等融合创新发展，推动形成需求牵引供给、供给创造需求的良性互动和更高水平动态平衡。到 2025 年，基本建成供需适配、内外联通、安全高效、智慧绿色的现代物流体系。

（2）产业发展现状

物流是贯穿经济发展和社会生活全局的重要活动。2013 年被称为大数据元年，2014 年则被称为移动互联元年。在这个背景下，物流大数据研究和应用刚刚起步，尚属新兴的研究领域，发展比较缓慢。从细分市场来看，医药物流、冷链物流、电商物流等都在尝试赶乘大数据这列高速"列车"，但从实际应用情况来看，电商物流凭借互联网平台具有一定的先发优势。

（3）互联网技术的发展

"互联网+"是互联网思维的进一步实践成果，推动经济形态不断地发生演变，为改革、创新、发展提供广阔的网络平台。通俗地说，"互联网+"就是"互联网+各个传统行业"，它代表一种新的社会形态，即充分发挥互联网在社会资源配置中的优化和集成作用，将互联网的创新成果深度融合于经济、社会各领域之中，提升全社会的创新力和生产力，形成更广泛的以互联网为基础设施和实现工具的经济发展新形态。

同时，科技进步也带来了人工智能的发展。200 多年前，工业革命使机械取代了人的劳动，让更多人可以从繁重的体力劳动中解脱出来，进行知识的探索，从而带来了伟大的知识经济时代。如今，当算法把人从简单脑力劳动中解放出来时，意味着"创意革命"时代正在到来。作为新一轮科技革命的重要代表，人工智能正由科技研发走向行业应用，成为全球经济发展的新动力。

2. 智慧物流发展过程

（1）单一化

单一化是传统物流一个较为明显的特征，主要表现为只是利用自身的资源和能力提供物件的流动来满足各类需求。在商品生产、销售、使用中存在着地域差异，传统物流解决的是商品在空间位移，把商品从生产地转移到销售地、使用地，最终到达客户手中。此阶段的物流服务内容单一，其整体质量也不高，对于服务对象来说其满意度也比较低。

（2）一体化

随着我国经济社会不断发展，我国物流产业规模在不断壮大，各级政府开始大力支持物流产业发展，物流行业在竞争环境中逐步成长，呈现出可以进行专业一体化物流服务的市场体系。在有效利用信息技术的情况下，物流行业可以充分利用资源，对每个环节都进行科学、合理的管理和控制。

（3）集约化

物流产业发展，历经我国大型企业整合、分离其业务这个过程，使得物流产业专业化和社会化程度不断加深，其运行过程也逐渐细化，达到了可以提供个性化服务的阶段，并以此向其他领域拓展。信息、资金、物资三流融合，形成了一个供应链体系，物流产业向着集约化方向发展。

（4）智慧化

随着各类技术与物流产业的相互融合，在大数据时代背景下，传统物流运营模式遇到了一些新情况，需要物流产业不断改革创新，物流行业已经进入了全新的发展时代，即智慧物流体系。

3. 智慧物流应用现状

（1）物流逐步实现在线化

随着移动互联网的快速发展，大量物流设施通过传感器接入互联网。我国已经有超过 400 万辆重载货车安装了北斗定位装置，还有大量托盘、集装箱、仓库和货物接入互联网。物流连接呈快速增长趋势，以信息互联、设施互联带动物流互联，"物流在线化"为智慧物流提供了前提条件。

（2）物流大数据得到应用

物流在线化产生大量的业务数据，使得物流大数据从理念变为现实，数据驱动的商业模式推动产业智能化变革，大幅度提高生产效率。如菜鸟网络推出智能路由分单，实现包裹与网点的精准匹配，准确率在 98% 以上，分拣效率提高 50% 以上，大大缓解了仓库爆仓的压力。通过对物流大数据进行处理与分析，挖掘对企业运营管理有价值的信息，从而科学、合理地管理决策，是物流企业的普遍需求。

（3）物流云服务强化保障

依托大数据和云计算能力，通过物流云来高效地整合、管理和调度资源，并为各个参与方按需提供信息系统及算法应用服务，是智慧物流的核心需求。随着各互联网站纷纷推出物流云服务应用，为物流大数据提供了重要保障，"业务数据化"正成为智慧物流的重要基础。

（4）协同共享助推模式创新

智慧物流的核心是"协同共享"，协同共享理念通过分享使用权而不占有所有权，打破了传统企业边界，深化了企业分工协作，实现了存量资源的社会化转变和闲置资源的最大化利用。如菜鸟驿站整合高校、社区、便利店和物业等社会资源，有效地解决了末端配送的效率和成本问题。"互联网+"物流服务成为贯彻协同共享理念的典型代表。利用互联网技术和互联网思维，推动互联网与物流业深度融合，重塑产业发展方式和分工体系，为物流企业转型提供了方向指引，其典型场景包括互联网+高效运输、互联网+智能仓储、互联网+便捷配送及互联网+智能终端等。

（5）人工智能正在起步

以人工智能为代表的物流技术服务是应用物流信息化、自动化和智能化技术实现物流作业高效率、低成本的物流企业较为迫切的现实需求。其中，人工智能通过赋能物流各环节、各领域，实现智能配置物流资源、智能优化物流环节及智能提升物流效率。特别是在无人驾驶、无人仓储、无人配送和物流机器人等人工智能的前沿领域，已有一批领先企业开始开展试验应用。

4. 智慧物流发展趋势

智慧物流是现代化社会发展的主要方向，其作用也在不断增强，对社会发展具有重要意义。用数字化引领物流行业新升级，要关注行业发展趋势，构建智慧发展模式，真正实现产业升级。在升级智慧物流时，要注意整合智慧技术，并采用现代化、规范化、科学化管理方式，实现可控、可靠、智能物流管理，从而提升市场资源利用率。

（1）绿色物流的可持续发展

物流的本质就是资源调配，在资源调配过程中需要投入大量的管理与运输力量，物流行业耗能较高。2019年，我国出台了《交通强国建设纲要》，要求物流车辆运输应该朝向清洁化发展，使用电动车辆运输，降低车辆尾气排放污染。在智慧物流升级过程中，对仓储、配送的过程进行了详细计算，能够确定最佳路线、位置，选择清洁能源车辆，能够减少能源耗损，实现全智能物流覆盖，推动绿色物流发展。

（2）深化协同下的标准化平台发展

标准化主要包括信息标准化、人员标准化、设备标准化、制度标准化等。针对我国目前数据信息多杂乱、物流从业人员素质不高、基础设施不完善、制度不严谨等现状，智慧物流的发展需要完善标准化。信息标准化有利于数据、信息的快速传递，方便进行处理、整合；设施设备标准化可以有效节约人力、物力、财力；人员标准化可以在很大程度上提高客户体验；制度标准化有利于提高企业计划、组织、协调、控制的效率，统一企业文化等。因此，标准化的进一步完善将在很大程度上影响我国智慧物流的运营效果。

（3）开放化利益共同体发展

智慧物流平台系统构建过程中，可以采用无人机、AI、机器人等现代化技术简化物流管理过程，并推动流程数字化管理，实现全过程透明化、便捷化人工智能物流管理，降低人工成本投入，改变行业发展类型，满足客户物流需求。在智能物流发展模式下，信息呈现出开放式、个性化、多元化发展管理特征，客户、管理人员、监管人员都可以在授权下获得指定信息，从而实现动态化管理，优化资源配置。智慧物流以信息技术为支撑，具有资源共享的特征。随着数字化技术发展，推动了电子商务、信息技术、物流平台技术等发展，为物流智慧升级提供了必要的技术平台，让协同合作成为可能,将各方紧密相连。

(4)以无人化为导向

为了降低物流相关人员的失误率,提高其工作效率,一方面,可以加强相关人员、体制的管理及完善;另一方面,无人化的发展也有助于克服人工作业的缺点。同时,发展无人化也是提高技术化水平的一个重要体现。因此,发展智慧物流需要加强无人化技术的研发,以智能化机器人代替相关从业人员进行物流活动,便于组织、管理、协调。无人机、无人仓、无人驾驶等的出现,将智慧物流的发展又向前推进了一步,从而使物流企业也可以将大部分资源投入公司的核心竞争力上,进一步占领市场。

二、智慧物流基本概念

1. 智慧物流的概念

智慧物流是一种以信息技术为支撑,在物流的运输、仓储、包装、装卸搬运、流通加工、配送、信息服务等各个环节实现系统感知,能及时处理及自我调整功能,实现物流规整智慧、发现智慧、创新智慧和系统智慧的现代化综合性物流系统。

物流信息技术是物流现代化的主要标志,也是物流技术中发展最快的领域。未来智能物流系统将采用最新的红外、激光、无线、编码、认址、自动识别、定位、无接触供电、光纤、数据库、传感器、卫星定位系统等高新技术。这种集光、机、电、信息等技术于一体的新技术在物流系统的集成应用就是物联网技术在物流业应用的体现。

2. 智慧物流的内涵

智慧物流是由新技术、新模式、新管理组成的耦合系统。新技术、新模式、新管理在物流领域的应用是智慧物流区别于传统物流的主要特征,物流新技术的出现催生新模式,而新模式的应用需要新技术的加持。新模式的出现促进新的管理方式的产生,而新模式的运营需要新管理的控制与协调。新管理方式的出现带动了物流新技术的创新和研发,而新管理方式的实施也需要新技术的保障。智慧物流内涵如图2-19所示。

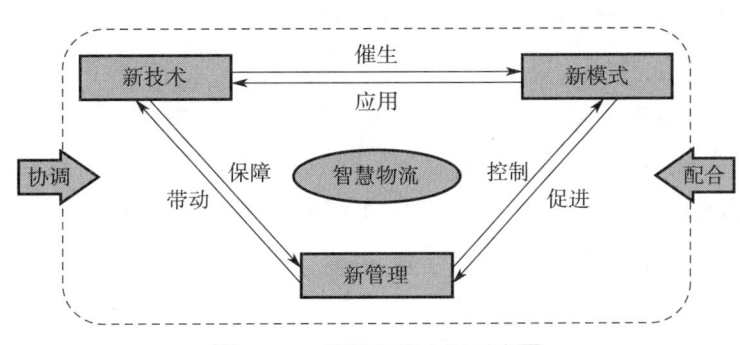

图 2-19 智慧物流内涵示意图

（1）新技术催生新模式，新模式应用新技术

大数据、云计算、物联网、人工智能等新技术的发展，为物流行业的发展赋予了新的能量，激发了物流行业商业模式创新和市场新进入者的参与，催生出互联网＋车货匹配、互联网＋合同物流、互联网＋货运经纪、互联网＋库存管理等新模式，成为物流业大众创业、万众创新的重要源泉。同时，新技术的应用也促使更多的物流创新模式得以实现：物联网使仓储生产自动化，从理论变成了现实；人工智能可实时识别场站堆积、作业情况，加速物流场站的流转速度；柔性自动化的出现第一次从真正意义上解放了人类的双手，帮助人们走出流水线；自动驾驶和生物识别使物流行业走向智能运输，也更加安全。

（2）新模式促进新管理，新管理控制新模式

新技术的引入使得物流行业产生新的运营模式。如智慧制造、新零售、共享平台、无人化、自动化等新模式的正常运营都需要与之适应的管理思想、管理理念、管理方法、管理体制以及管理流程。与旧模式相比，新模式在组织管理方式、产业形态、经营形态等方面有新的发展和突破。管理的革命总是与技术及模式的革命相伴而生，模式的变化势必推动管理的变化，管理的变革必须适应模式的进步。

（3）新管理带动新技术，新技术保障新管理

新的管理方式为新兴技术从体制、组织、战略、领导、环境、运作方式、资源配置效率等方面提供保证。先进的管理促进技术创新，技术创新能否给企业带来预期的绩效、能否提高创新工作效率，在很大程度上取决于能否同管理创新协同与匹配，能否同组织创新、文化创新、体制创新、运行机制创新等协同与匹配。在智慧物流中，新兴的管理方式需要新技术予以辅助，如无人化、智能化设施设备的管理需要追踪导航、信息控制等相关技术的辅助。

三、智慧物流的特征

1. 特殊的物流特征

智慧物流发展特点主要与其行业特征、应用技术、社会需求等因素有关，由此呈现出特殊的物流特征，主要分为以下四个方面的特征。

（1）智能化

智慧物流不是存在于某一个物流环节中，而是贯穿于物流全过程，能够对各个环节进行智能化管理。智慧物流的智慧水平与智慧技术有直接关系，自动化技术、信息技术、人工智能技术发展水平越高，智慧物流所具有的智慧管理水平就越高。智慧物流具体表现为：选择运输道路；管理库存商品；控制、跟踪商品；管理物流配送；自动分拣；其他。随着智慧技术水平的提升，智慧物流的智慧管理作用也将逐渐扩大、丰富智慧管理内容。

（2）柔性化

在智慧物流发展背景下，物流供需关系已经发生了明显变化，要树立"以客户为中心"的管理理念，根据客户需求调整物流发展。企业需要为客户提供专业、可靠、特殊以及额外的服务，才能够在物流行业竞争中取得优势。智慧物流下的行业发展更具柔性化，服务内容也在不断增多，让客户能够感受到物流服务的灵活性、便捷性，增加物流客户黏度。柔性化智慧物流发展模式能够让客户参与到物流管理当中，掌握物流动态信息，随时提出物流需求并依赖智慧物流技术落实需求，真正实现以客户为物流服务中心的发展理念。

（3）一体化

与其他行业不同，物流行业更加注重管理流程化，需要确保商品物流信息的连续性、一致性。智慧物流下的企业活动，应该注重企业之间、企业与个人的物流活动信息管理，形成整体化、系统化管理过程。智慧物流以智慧管理为主要依据，对商品存储、包装、运输以及装卸等环节进行一体化管理，提升物流管理性价比，尽可能地为客户提供满意服务，增加企业经济效益。

（4）社会化

物流是市场资源流通的重要保障，其服务群体决定了智慧物流的社会化特点。未来物流发展必将走向国际化、全面化发展道路，面向多个国家、多个区域、多个企业，推动国际市场资源流动与国内市场资源流通，从而达到优化资源配置目的。智慧物流将逐渐扩大社会化属性，发挥资源调配作用。在社会化智慧物流发展背景下，物流行业必须做好物流服务质量和物流成本的平衡，才能够在扩大社会效益中取得竞争优势。

2. 运作形态特征

中国仓储与配送协会副会长、物流产品网 CEO 王继祥认为：链接进化是推动智慧物流变革的根本原因，链接从智慧的人类和虚拟的网络延伸到线下物品，从而让货物觉醒，让物流世界产生了智慧。因此，智慧物流不只是智能设备的简单应用，不等于物流自动化。从运作形态上看，它必须具有以下特征。

（1）互联互通，数据驱动

所有物流要素实现互联互通，一切业务数字化，实现物流系统全过程透明可追溯；一切数据业务化，以"数据"驱动决策与执行，为物流生态系统赋能。

（2）深度协同，高效执行

跨集团、跨企业、跨组织之间深度协同，基于物流系统全局优化的智能算法，调度整个物流系统中各参与方高效分工协作。

（3）自主决策，学习提升

软件驱动物流过程实现自主决策，推动物流系统程控化和自动化发展；通过大数据、云计算与人工智能构建物流大脑，在感知中决策，在执行中学习，在学习中优化，在物流实际运作中不断升级。

3. 技术特征

作为基本保证，从技术应用角度来看，智慧物流的特征主要体现在以下三个方面。

（1）信息管控

运用现代信息和传感等技术，利用物联网进行信息交换与通信，实现对货物仓储、配送等流程的有效控制，从而降低成本，提高效益，优化服务。

（2）体系搭建

通过应用物联网技术和完善的配送网络，构建面向生产企业、流通企业和消费者的社会化共同配送体系。

（3）成果运用

将自动化、可视化、可控化、智能化、系统化、网络化、电子化的发展成果运用到物流系统。

四、智慧物流的功能与作用

1. 智慧物流的功能

（1）感知功能

运用各种先进技术能够获取运输、仓储、包装、装卸搬运、流通加工、配送、信息服务等各个环节的大量信息，实现实时数据采集，使各方能准确掌握货物、车辆和仓库等信息，初步实现感知智慧。

（2）规整功能

感知之后把采集的信息通过网络传输到数据中心，用于数据归档，建立强大的数据库，分门别类后加入新数据，使各类数据按要求规整，实现数据的联系性、开放性及动态性，并通过对数据和流程的标准化，推进跨网络的系统整合，实现规整智慧。

（3）智能分析功能

运用智能的模拟器模型等手段分析物流问题。根据问题提出假设，并在实践过程中不断验证问题，发现新问题，做到理论与实践相结合。在运行中系统会自行调用原有的经验数据，随时发现物流作业活动中的漏洞或者薄弱环节，从而实现发现智慧。

（4）优化决策功能

结合特定需要，根据不同的情况评估成本、时间、质量、服务、碳排放和其他标准，评估基于概率的风险，进行预测分析，协同制定决策，提出合理、有效的解决方案，使决策更加准确、科学，从而实现创新智慧。

（5）系统支持功能

智慧物流并不是各个环节各自独立、毫不相关的物流系统，而是每个环节都能相互联系、互通有无、共享数据、优化资源配置的系统，从而为物流各个环节提供强大的系统支持，使各环节协作、协调、协同。

（6）自动修正功能

在前面各个功能的基础上，根据有效的解决方案，系统自动遵循最快捷、有效的路线运行，并在发现问题后能够自动修正、备案，方便日后查询。

（7）及时反馈功能

物流系统是一个实时更新的系统，反馈是实现系统修正和系统完善必不可少的环节。反馈贯穿于智慧物流系统的每一个环节，为物流相关作业者了解物流运行情况，及时解决系统问题提供了强大的保障。

2. 智慧物流的作用

（1）推动物流行业转型升级

智慧物流的概念本身就包括"智慧"和"物流"两个层面，即将智能化技术应用于物流行业，使传统物流能够转型升级为新的产业生态，推动物流在技术、业态和模式等方面均发生变革。我国物流行业的基础相对薄弱、物流设施布局不平衡、行业标准不健全、创新能力有限和运营模式落后成为当前物流行业的短板，在一定程度上制约着物流行业的转型升级。而智慧物流能够从技术、人员、组织、标准等方面有力推动物流行业的革新，为物流行业的转型发展提供技术支持，补齐物流行业的短板。

（2）实现物流技术更新换代

物流技术的更新换代是物流行业发展的重要保障，这也是传统物流和现代物流相区分的一个重要标志。先进技术取代落后技术是社会发展的必然结果，也符合现代信息化和智能化物流技术发展的必然趋势。一般而言，物流技术主要由两部分组成：一是由仓内技术、干线技术、最后一公里技术和末端技术构成的传统技术要素；二是由物联网、大数据、云计算、人工智能和区块链构成的新兴技术要素。

从我国物流行业发展的趋势来看，关于物流技术的应用体现为以下三个特点：一是仓储、运输、装卸、分拣、包装等技术已经得到了广泛应用；二是条码、射频识别、电子数据交换、全球定位、地理信息等信息技术正在大力推广；三是叉车、托盘、货架、料箱、自动拣选、自动识别等传统技术需要换代。在物流技术的应用层面，智慧物流在感知、规整、分析、决策、支持、修复和反馈等方面具有明显的优势，不仅能够加速传统技术的更新换代，还能够与推广技术协同应用以实现新老技术的衔接。

（3）降低物流企业成本

物流成本的节约是物流行业发展的关键因素和主要目标，也是各物流企业应用先进技术的核心动力。近年来，阿里巴巴、京东、苏宁等大型电商企业在物流技术的研发和应用方面投入巨大，以打造降低物流成本的技术系统，从而不断降低企业成本，提高物流效率。各物流企业降低物流成本的目的虽然一致，但方式并不相同，有的是缩减人力成本，有的是技术创新，有的是体制改革，但总体而言新兴技术的普及程度还有待提高。事实上，在物流网络系统中产生的大量商业数据可以为降低物流企业成本提供决策思路，在数据驱动下的技术革新已成为有效措施。例如，菜鸟驿站已经关注到大数据处理和分析的重要性，通过对有价值信息的挖掘，使用智能路由系统可实现货物的准确交付，准确率已达到98%。物流企业应用大数据等智慧物流新兴技术，在资源配置上进一步优化，能够将制造、采购、仓储、配送等环节有机联系起来，从而使物流企业的运营和管理成本大幅度降低。

（4）提升物流服务体验

有温度的物流服务体验对于打造物流行业品牌和提高物流服务质量意义重大，而要让客户只须动动手指就能体验周到的物流服务，必然需要强大的物流服务技术体系作为支撑。智慧物流的作用就在于通过自动化、智能化、可控化、网络化的现代技术，实现与客户个性化和多样化需求准确对接，达到供给与需求的平衡匹配，这不仅让物流企业抓住生存发展的规律，还会让客户获得满意的服务体验。有学者认为，目前医药卫生、社会救助、生活用品、邮政普遍、食品供应链管理等民生领域的新兴技术应用，能够让人们真正体验到智慧物流的价值，并为推动智慧物流的发展营造了良好的环境。

（5）带动经济转型升级，提升综合竞争力

物流不仅是生产、分配、交换、消费的纽带，还是紧密衔接着进口与出口、原料采购与加工等经济运行的环节。智慧物流可以提供高效、优质、低廉的物流服务，有利于与相关产业联动发展，与制造业、商贸业进行业务运作上的紧密对接，促进多产业的协同发展，实现物流和信息流快速、高效、通畅地运转，降低社会成本，提高生产效率，整合社会资源，从而带动传统制造业和传统消费的转型升级，最终带动整个经济的转型升级。

（6）提高政府部门的工作效率

以食品加工业为例，智慧物流可全方位、全程监管食品的生产、运输、销售，大大节省相关政府部门的工作压力，同时使监管更彻底、更透明。通过计算机和网络的应用，政府部门的工作效率将大大提高。

（7）未来智慧城市、智慧地球发展的基石

IBM公司于2008年提出了"智慧地球"的设想。2009年，"感知中国"的概念提出，即在各行业中充分应用新一代IT技术，把感应器嵌入和装备到电网、铁路、桥梁、隧道、公路、建筑、供水系统、大坝、油气管道等各种物体中，并被普遍连接，形成物联网，然后将物联网与现有的互联网整合起来实现人类社会与物理系统的整合。随后，又有学者提出了智慧城市的概念，而物联网技术和智慧物流的发展，为智慧城市与智慧地球的实现奠定了基础。

复习思考题

1. 什么是物流？结合实际分析现代物流在企业/经营中的地位和作用。
2. 试述物流管理的内容框架。
3. 比较中国物流概念和外国物流概念的异同。
4. 物流活动是一把"双刃剑"，对这句话如何理解？
5. 物流系统合理化的原则是什么？
6. 现代物流管理的特征有哪些？
7. 现代物流发展的共同趋势是什么？
8. 什么是智慧物流？如何理解智慧物流？
9. 智慧物流的发展动因有哪些？
10. 与传统物流相比，智慧物流具有哪些特征？
11. 智慧物流的主要作用是什么？
12. 如何理解智慧物流中的"智慧"二字？

培训课程 4 绩效管理与风险管理基础知识

学习单元 1　供应链绩效评价理论及方法

一、供应链绩效评价及其特征

基于供应链业务流程的指标体系科学地评价供应链绩效，能够反映供应链整体运营状况以及节点企业之间的运营关系，有助于决策者及时了解供应链整体情况，并作出合理的预警和应对决策。供应链绩效评价指标具有以下三个特征。

1. 及时性

供应链绩效评价指标将非财务指标和财务指标并重，有助于将供应链的长期发展和短期利润进行有机组合，缓解财务指标的滞后性。

2. 整体性

基于业务流程的供应链绩效评价指标，将绩效度量范围扩大到供应链上的相关企业，以客观、科学地反映整个供应链的运营情况。

3. 事先性

通过对供应链的业务流程进行实时评价和分析，能够及时发现并采取应对策略来纠正偏差，事先抑制或减少可能造成的危害和损失，增强绩效管理的前瞻性和持续性。

二、供应链绩效评价的一般方法

针对传统财务评价供应链管理中的问题和缺陷，出现了不同的评价供应链绩效的方法，分别是ROF（resources-output-flexibility，资源-产出-柔性）法、SCOR（supply chain operations reference，供应链运作参考模型）法、ABC（activity-based costing）成本法等。

1. ROF 法

ROF 法一般用以反映供应链绩效的三大战略目标：资源、产出和柔性。资源评价是高效生产的关键，包括库存水平、人力资源、设备利用、能源使用和成本等。产出评价必须达到很高的水平，以保持供应链的增值性，主要包括客户响应、质量以及最终产成品的数量。柔性评价要达到在变化的环境中快速响应，主要包括范围柔性和响应柔性。

2. SCOR 法

SCOR 法是一种基于流程的供应链管理模型，覆盖了供应商的供应商以及客户的客户等外部供应链伙伴，有助于企业评估和改进焦点企业的供应链绩效，包括五个方面。

（1）计划：企业的需求计划、生产计划和物流计划等。

（2）采购：企业的供应商管理、采购管理和库存管理等。

（3）生产：企业的生产管理、质量管理和成本管理等。

（4）发运：企业的物流管理、订单管理和客户服务等。

（5）回收：企业环境管理、资源回收和产品回收等。

3. ABC 成本法

ABC 成本法不仅是一种成本计算方法，还是成本计算与成本管理的有机结合，包括三个主要步骤：识别资源成本和作业；将资源成本分配给作业；将作业成本分配给成本对象。

三、基于平衡计分卡的数字供应链绩效评价体系

平衡计分卡的设计是将过去绩效的财务指标和未来绩效的驱动力设计紧密结合起来，以确保组织从系统的角度反映战略的实施。基于平衡计分卡的数字化供应链绩效评价体系包括财务、客户、运营流程、伙伴关系四个方面。

1. 财务

财务绩效评价主要是为了满足各企业的所有者及相关管理人员的需要而进行的，目的在于反映数字供应链的资产运营能力、盈利能力和发展能力，主要包括以下三个评价指标。

（1）净资产收益率。该指标是指供应链在一定时期内税后利润与平均净资产的比率，反映供应链上的所有者权益所获报酬的水平。

（2）资产周转率。该指标是指在一定时期内销售收入与平均净资产总额的比率，体现资产从流入到产出的流转速度，是反映供应链全部资产经营质量和管理效率的重要指标。

（3）利润增长率。该指标是指本期利润增长额与上期利润总额的比率。

2. 客户

客户是整条供应链唯一的收入来源，供应链的目标之一是为客户提供高质量的产品与服务，包括时间、质量、性能与服务、成本等，从而获得更高的供应链绩效，主要包括以下三个评价指标。

（1）交货柔性：反映供应链对客户的定制化要求及响应时间的满足程度，可用松弛时间与总交货时间的比率表示。

（2）退货返修率：反映客户在使用产品一段时间后的满意程度，可用一定时期内退货返修次数占总交易次数的比例表示。

（3）客户保有率：指留住客户并与其保持现有关系的比率，可用一定时期内老客户购买额与总销售额的比率表示。

3. 运营流程

尽管满足客户需求很重要，但必须在将其目标转化为内部运作流程的指标后才能得以反映，主要包括以下四个评价指标。

（1）库存周转率：指一定时期内供应链物流中的库存货物周转次数，可用销售的物料成本与平均库存成本的比率表示。

（2）订单提前期：指供应链成员企业接到客户订单时刻起，到客户收到产品时刻止的时间段，缩短订单提前期有助于缩短供应链响应时间，提高运作效率。

（3）生产时间柔性：反映在意识到市场需求变动导致非计划产量增加20%后，供应链内部重新组织、计划、生产所消耗的时间。

（4）信息可视性：指把关于客户需求和存货水平的完全信息共享给供应链上的节点企业，反映整条供应链上的信息共享程度和信息准确性，以及信息基础设施建设水平。

4. 伙伴关系

数字供应链是一个协同合作的整体，企业间伙伴关系直接影响到供应链绩效水平，主要包括以下三个评价指标。

（1）组织兼容性：指企业间具有相似的文化、战略和技术基础设施。在数字化转型过程中，企业间良好的伙伴关系有赖于组织价值观与经营理念的相似性、目标与目的的相似性以及知识与技术的相似性。

（2）平台协同性：指数字平台的多元主体参与决策和管理的协同机制。数字平台的开放、协作、共建、共享、共治功能，有利于实现数据的共享和流通，促进数字化组织和外部合作伙伴的协同。

（3）组织间信任：指在交易中，组织双方对彼此所持有的积极预期和信息，即相信对方能按照约定履行职责，不会采取损害双方利益的行为，因而是企业间合作和交易的前提。

学习单元 2　供应链风险管理的核心概念

一、供应链风险及其特征

在新的竞争环境下，自然灾害、人为灾害、地缘政治冲突等不可预见因素的存在，以及供应链结构复杂性和动态复杂性的持续增加，供应链的脆弱性逐渐凸显，从而发生了越来越多的供应链中断事件。根据风险分析公司 Resilinc 的数据，2022 年全球供应链中断次数同比增长 32%。由此可见，供应链风险愈加成为研究者和实践者共同关注的问题。

1. 供应链风险的定义

英国克拉菲尔德大学商学院把供应链风险定义为供应链的脆弱性，供应链风险因素的发生通常会降低供应链运行效率，增加成本，甚至导致供应链中断和失败。德勤咨询公司的供应链研究报告指出，供应链风险是指对一个或多个供应链成员产生不利影响或破坏供应链运行环境，从而使得供应链管理达不到预期目标甚至导致失败的不确定性因素或意外事件。中华人民共和国国家标准《供应链风险管理指南》（GB/T 24420—2009）将供应链风险定义为"供应链不确定性对目标实现的影响"。

2. 供应链风险的特征

供应链风险具有客观性、动态性、复杂多样性、传递性和此消彼长性。具体来说，客观性源自供应链本身结构的复杂性、供应链所处内外部环境的不确定性以及供应链全球化趋势；动态性源自供应链风险与供应链的运作相伴存在，并且供应链风险变化的每一阶段都具有因果连锁效应；复杂多样性源自供应链网络的复杂性，使其不仅要面对单个企业面对的系统风险与非系统风险，还要面对供应链组织结构相伴而生的企业间合作风险、信息不对称风险以及利润分配风险等；传递性源自供应链与生俱来的链式网络结构，供应链风险能够沿着物流、信息流和资金流等途径在企业间传递，使整条供应链都受到牵连；此消彼长性源自各种风险之间的相互影响，采取措施消除一种风险可能会增加另一种风险，或者消除供应链上的某一个企业的风险可能会增加其他企业的风险。

二、供应链风险类型

1. 按照风险来源分类

供应链风险来源包括供应链外部的环境风险源、企业间的网络风险源以及企业内部的组织风险源。基于此，将供应链风险来源分成五种类型。

（1）环境风险源，主要是由外在不确定性因素造成的风险，包括政治、疾病与自然灾害、社会与经济。

（2）需求风险源，主要来自供应链客户企业的订单增加或减少，还包括出厂物流中可能发生的任何风险，以及产品需求变动、新产品上市等。

（3）供应风险源，一方面来自供应商自身，包括新产品开发、供货质量缺陷以及供货中断，另一方面来自供应市场，包括单一/有限货源以及市场短缺等。

（4）流程风险源，指的是供应链中各伙伴之间合作的执行以及连接方式会随着产品特性的不同以及随之所采取的供应链策略而改变的风险。

（5）控制风险源，指的是供应链中决策的机制、政策或规定，包括订购量、批量以及安全库存。

2. 按照风险性质分类

（1）重大突发非常规风险，又称为破坏性风险，是指由于社会突发事件（如恐怖袭击、突发战争等）或者是自然灾害（如百年一遇的冰雪、地震等）所引发的供应链风险，其特点是不可预测或很难预测，发生概率通常很低但却能"一击致命"，一旦发生将使得整个供应链系统瘫痪。

（2）常规风险，又称为运营性风险，是指由于常规风险事件（如订单延迟、生产过程中断、库存过高、质量不过关、服务水平下降等）所引发的供应链风险，其特点是较容易监控、发生频率很高，但损害通常较小且易被忽略。

三、供应链风险识别理论及方法

1. 供应链风险识别程序

供应链风险识别的程序主要包括如下五个步骤。

（1）定义整体供应链的流程。

（2）将整体流程细化为一系列彼此独立又相关的运作活动。

（3）系统地审视每一项运作活动的细节。

（4）识别存在于每一项运作活动中的风险及其特点。

（5）描述出最具影响力的风险。

2. 供应链风险识别方法

为了有效识别风险，需要用到许多工具、方法和规则，如具有普遍使用意义的历史数据分析法、头脑风暴法、德尔菲专家会议法、因果图、故障树、控制图等，这些工具通常需要分析过往事件、集思广益或直接分析运作活动等，才能充分发挥作用。

（1）分析过往事件

1）根本原因分析法（root cause analysis，RCA）。根本原因分析法是一项结构化的问题处理法，用以逐步找出问题的根本原因并加以解决，而不是仅仅关注问题的表征，包括确定和分析问题原因，找出问题解决办法，并制定问题预防措施。根本原因分析法的目的就是要努力找出问题的作用因素，并对所有的原因进行分析，大部分情况下反复问"五个为什么"就能找到其根本原因。

2）因果图（cause and effect diagram）。因果图又称鱼骨图或石川图（Ishikawa diagram），是由日本质量控制兼统计专家石川馨教授发明的一种图解法，以图表的形式表示风险事件与发生的各级原因之间的关系，用于辨识和处置事故或问题的原因，通常从人员、机器设备、材料、方法、环境五个原因组（简称"人机料法环"）进行原因分析。

3）帕累托分析法（Pareto analysis）。根据以往发生的风险事件频率图，可以归纳出将来最有可能再次发生的风险事件。帕累托分析法首先将导致某种风险结果的各种可能原因按照其数量的大小递减排序，横坐标表示原因，纵坐标表示结果数量或累计百分比，分析出主要原因供决策者参考。根据帕累托的80/20法则：80%所发生的风险后果是由20%的主要原因造成的。根据该法则，如果不能100%解决问题，只要专注于20%的主要原因就能获得解决80%问题的成效。

4）风险项目检查列表（checklists）。企业在不同的运作活动中会出现各种各样的风险，把可能发生的风险罗列在一个表上形成一个用于风险识别的"列表"，称为检查表，该检查表可以来自同一组织的不同供应链，也可以来自其他企业，或者行业论坛、研究机构、咨询机构研究讨论出的标准项目。

（2）集思广益

1）访谈（interviews）。如果对于过往风险事件的分析还是无法为未来风险的发生、防范提供更多的信息，就要着手收集新的信息。最直接的方法就是对具有相关知识背景、经验丰富的人员进行访谈。调查员通过与调查对象直接见面，最大限度地收集所需要的信息。通常包括有固定格式提纲的结构化访谈、不依照固定访问程序的开放式访谈和半结构化访谈。

2）专家会议法（group meetings）。专家会议法是在专家之间进行讨论、交流意见、协商达成共识的方法，根据规定的原则选定若干专家，组织专家会议，通过发挥专家集体的智慧结构效应，研究并讨论企业的各项运作活动，最终形成一份重要风险的列表。通常包括头脑风暴法、交锋式会议法和混合式会议法。头脑风暴法，也称非交锋式会议，会议不带任何限制条件，鼓励与会专家独立、任意地发表意见，没有批评或评论。交锋式会议法，是指与会专家围绕一个主题各自发表意见，并进行充分讨论，最后达成共识，取得比较一致的结论。混合式会议法，包括两个阶段，第一阶段是非交锋式会议，产生各种思路和预测方案，第二阶段是交锋式会议，对上一阶段提出的各种设想进行质疑和讨论，最后取得一致结论。

3)德尔菲法（Delphi method）。德尔菲法更强调专家的个人意见和独立思考，通过多轮匿名问卷的填写与反馈，让专家们（一般不超过20人）独立地表达自己的意见和建议。在每一轮调查结束之后，组织方会对专家们的意见进行汇总、分析整理并反馈给各位专家，让专家们将自己的意见同他人的意见进行比较，不断修正自己的意见和判断，进而引导专家们接近共识，直到每位专家不再改变自己的意见或者专家意见逐渐趋同时结束会议。

（3）直接分析运作活动

1）流程分析图法（process charts）。流程分析图法是指企业风险管理部门将整条供应链的生产过程的所有环节系统化、顺序化，制成流程图，从而便于发现企业面临的风险。这种方法强调根据不同的流程对每一阶段和环节逐个进行调查分析，找出风险存在的原因，从中发现潜在风险的威胁，分析风险发生后可能造成的损失及其对全部生产过程造成的影响。

2）流程控制（process control）。来自供应链计划的变动会产生风险，因此，要识别主要的风险，就要监督运作活动，找到最容易出现波动的运作领域。监督波动最简单的方式就是制作流程控制图。控制图又称管理图，它是画有控制界限的一种图表用来分析质量波动究竟是由于正常原因引起还是由于异常原因引起，从而判明生产过程是否处于可控状态。如果数值处于控制上限和下限之间，且排列没有异常情况，则表明风险很小，处于可控范围；如果数值越出控制界限或排列有缺陷（多数值接近边界、明显单侧分布、连续上升或下降或存在周期性波动），则表明存在异常因素，具有较大风险。

学习单元3　供应链风险管理措施

一、供应链风险管理机制

供应链企业面对的风险因素可分为两类：未知的不确定性因素和可知的不确定性因素。相应地，也有两种风险管理机制，如图2-20所示。对于未知的不确定因素，如自然灾害、流行病和恐怖分子袭击等，无法观测或预计何时将发生风险，企业应建立有效的风险应急机制，在风险爆发之后，能够作出快速响应；对于可知的不确定因素，如货币波动、港口延时、市场变化等可控制的风险因素，企业应建立风险防范机制，将可能发生的危机扼杀在萌芽状态中，减少不必要的损失。

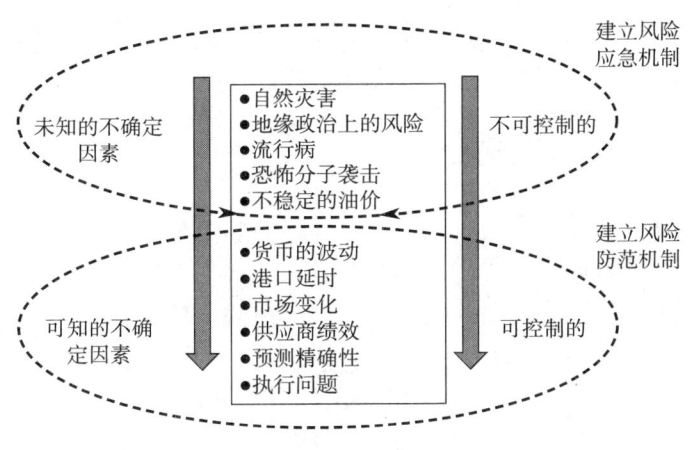

图 2-20 两种风险因素及其管理机制

二、供应链风险管理体系

企业应建立起一套有效的风险管理体系,从组织上保证对风险管理的需要,包括建立正式的风险管理组织机构和确定供应链风险管理部门的职能。

1. 建立正式的风险管理组织机构

为了加强风险管理工作,完善风险管理机制,落实风险管理分级分类责任,实现风险管理的提升目标,企业需要建立正式的风险管理组织机构,负责供应链风险分析与管理,并明确相关职责划分,比如,建立并完善企业管理制度;审议风险管理组织的设置和职责;审议风险管理策略;干预常规风险,指导和提供重大风险管理解决方案;审议风险管理监督评价审计综合报告。

2. 确定供应链风险管理部门的职能

(1) 制订风险应急计划,系统进行风险分析

供应链风险管理部门要对企业及供应链系统所处的内外部环境进行风险因素分析,详细掌握各种风险因素的动态,然后定期或不定期地进行企业运营风险分析,并将分析报告及时提交给最高决策者。

(2) 做好风险爆发后的"被害预测"

对于由未知的不确定因素引发的不可控制风险,通常不可预测且爆发时无任何征兆,供应链风险管理部门要事先制定预案,然后进行风险分级管理。一旦发生重大风险,要迅速作出"被害预测",根据每一项风险的解决方案,明确责任人与任务完成时间。

(3) 处理风险事件的模拟训练

根据"被害预测",做出对应的预案和实施措施,并不定期地举行不同范围的风险爆发处理模拟训练。不仅要对高层管理者进行应对风险的训练,还要对全体员工进行

应对各种风险事件爆发后的训练，让企业员工都建立起风险防范意识，并知道一旦发生风险该如何应对，以最大限度地降低风险爆发后给企业和个人造成的损失。

三、供应链风险管理措施

1. 建立战略合作伙伴关系

通过与供应链中的其他企业建立紧密的合作伙伴关系，形成共享利润、共担风险的双赢局面，有助于降低供应链的脆弱性和减少风险。建立长期的合作伙伴关系，要求供应链企业成员之间加强信任、加强信息交流与共享以及建立正式的合作机制。

2. 加强信息交流与共享，优化决策过程

供应链企业之间加强信息交流与共享，有利于消除信息扭曲，增强供应链可视性和透明度，从而减少不确定性和供应链风险。

3. 加强对供应链企业的激励

采取适当的激励和约束措施，如价格激励、订单激励、商誉激励、信息激励和淘汰激励等，促进合作企业间目标协同、利益共享和风险共担，使企业通过合作能够获得更大的利益，有助于缓解企业间的机会主义行为，并防范道德风险。

4. 柔性设计

供应链合作中存在供应和需求的不确定性，难以实现有效的供需匹配。在供应链企业合作过程中，通过买卖双方在合同中互相提供柔性，如数量柔性契约，促进双方长期互益，有助于缓解不确定性的影响，避免更大的损失。

5. 风险的日常管理

对于可控的风险因素，要建立风险防范机制，进行常态化的风险日常管理。建立一整套预警评价指标体系，当出现异常状态时，可及时发出预警信号，将风险排除在萌芽阶段，最大限度地消除风险损失。

6. 风险的应急处理

对于不可控的风险因素，要建立应急处理机制，及时对紧急、突发事件进行分级分类应对，有助于化解供应链合作中可能出现的各种意外情况所带来的风险，避免给供应链企业带来严重影响。

7. 确保资源配置到位

不管是对可控风险的日常管理，还是对不可控风险的应急处理，在风险爆发付诸实施时，供应链上的配套资源要能够及时到位，包括硬件资源和软件资源及其协同管理。

8. 确保对话渠道畅通

确保供应链上的对话渠道畅通，并与供应链外部环境建立良好的互动、协作关系，促进供应链企业与外部环境的共生共存，不断规避、中止和降低各类风险及其所带来的损失。

学习单元 4　构建韧性供应链的理论及方法

一、供应链韧性的内涵

习近平总书记在中国共产党第二十次全国代表大会报告中指出，着力提升产业链供应链韧性和安全水平。美国高德纳咨询公司在其 2021 年报告中高度强调了供应链韧性的重要性，即整个上下游经营体系能否应对中断风险，快速恢复甚至强劲运营。随着供应链的外部环境愈加不确定，供应链系统愈加复杂，供应链风险越来越威胁到企业的生存和供应链的正常运作，构建韧性供应链，有助于更好地管控供应链风险，促进供应链系统持续有效运作。

供应链韧性通常具备以下三个特点：第一，韧性是一种应对中断风险的能力，强调对中断风险发生时的响应；第二，韧性是一种抵御风险的能力，强调对中断风险发生前的抵抗；第三，也有研究指出韧性是一种适应风险的能力，强调积极地预测事件，快速恢复到初始状态或者进化到更具适应性的状态。由此可见，供应链韧性包括稳健性和可恢复性两个维度，即：抵御能力，在发生重大灾害时，供应链系统能够完全规避风险或者以最小的损失平稳度过，最小化中断造成的破坏；恢复能力，当供应链发生中断时，能够快速反应并找到有效恢复路径回到稳定状态的能力。

如图 2-21 所示，供应链韧性要在控制力和脆弱性之间寻求匹配，根据供应链的状态实现风险管理。过于强调风险可控，会增加不必要的保障实施成本，侵蚀供应链

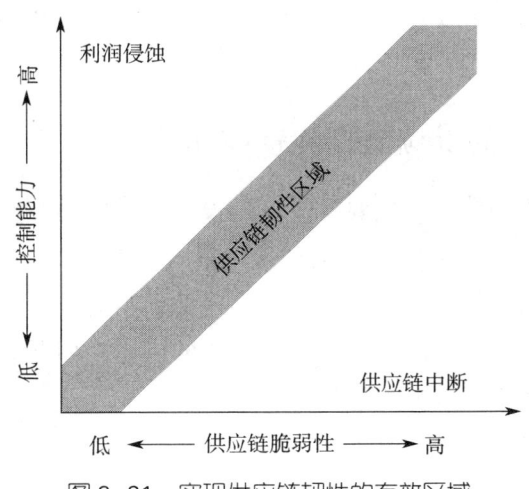

图 2-21　实现供应链韧性的有效区域

利润。而过于强调供应链灵活而不关注风险管理，会增加供应链脆弱性，供应链中断的可能性增大。因此，控制力和脆弱性之间的匹配是兼具抵御能力和恢复能力的供应链韧性区域。

二、提高供应链韧性的方法

柔性和冗余是实现供应链韧性的关键因素，通过提高柔性和增加冗余能够增强供应链韧性，企业会根据其组织结构和供应链风险类型选择合适的供应链韧性增强策略。

1. 提高柔性

柔性，是指快速、低成本地从提供一种产品或服务转换为提供另一种产品或服务的能力，以迅速适应供应链的重大变化，如柔性制造系统能在不停机的情况下实现多品种工件的加工。为了提高柔性，企业可以采取三个策略：（1）标准化流程，提高全球工厂间产品部件的通用性和可替换性，有助于生产设计在不同工厂之间进行产量调整，以应对不同地区的供应链风险；（2）并行流程，在生产、分销、配送过程中采用并行流程，有助于同时观测不同职能部门的同步运作，快速评估不同运作流程状态，并在紧急事件发生时快速应对和恢复；（3）延迟制造，让产品通过低成本的标准化生产处于半完成状态，再通过定制化加工满足客户个性化需求，降低库存成本并提高服务水平。

2. 增加冗余

冗余，是指人为增加重复部分，通过备份的方式达到增强安全性的目的。拥有多个或备用供应商、设置安全库存、过剩产能、设置备用的运输工具保证物流能力等都是供应链冗余的例子，这虽然使得企业在供应链中断时有足够的缓冲空间，但也占用了大量的资源，极大地增加了供应链成本。当风险主要是破坏性的，或者是供应链参与者控制力范围之外的因素产生的风险，则冗余更有利于抵御供应链脆弱性，提高供应链韧性。

三、建立数字化的供应链韧性管理体系

构建韧性供应链管理体系，主要从供应链设计、供应链协作、敏捷性和风险管理文化四个方面着手。新一代数字技术为供应链韧性提升提供了强有力的抓手，比如，大数据分析提升供应链可视性，"工业4.0"实现低成本的定制化生产，先进的追踪追溯系统适时控制和管理库存。因此，建立数字化的供应链韧性管理体系，是充分利用数字技术，提升供应链韧性的根本保障。

1. 数字化供应链设计

数字化供应链设计不仅要考虑基于日常运作的物理供应链，更要考虑基于信息通

信技术的信息供应链,以及物理与信息供应链的协同决策分析优化供应链整体结构。在物理层面,通过各类数字技术优化供应链结构并促进供应链各个环节的资源、能力和活动主体的协调、整合和有效配置,有效提高供应链运作效率,保障实物流在整条供应链上的畅通。在信息层面,通过获取和系统分析物理供应链所生成的各类数据,更结构化地反映和刻画物理供应链的运作状态,保障信息流在整条供应链上的真实有效和共享共用。在决策层面,将物理供应链的实际运作状态与信息供应链的各类数据结合起来,构建一整套决策支持系统,用于预测、优化、模拟和实时控制运营流程和活动,提高供应链系统对风险的预测、应对和恢复能力。

2. 数字化供应链协作

数字化供应链协作强调利用数字技术建立和密切企业间的合作伙伴关系,形成共担风险、共享利益的双赢局面,有助于降低供应链的脆弱性和减少风险,提升供应链韧性水平。随着新一代数字技术的发展和普遍使用,数字技术采纳有助于企业间建立更公正、科学的治理机制,从而为企业间建立密切的合作伙伴关系赋能。具体来说,先进追踪追溯系统能够促进企业间责任和风险的跟踪和界定,增强了供应链系统的透明度和可视性;区块链技术通过建立去中心化的信任机制,基于共识算法保证交易的可靠性和安全性,通过实现数据的不可篡改性为信息交换和存储提供了更高保障,使用智能合约等功能使交易双方直接进行交易和价值转移,降低交易成本并提高交易效率。

3. 数字化供应链敏捷性

数字化供应链敏捷性强调采用数字技术建立敏捷供应链。敏捷供应链是一种综合能力强的供应链系统,能够对来自需求和供应的不确定性作出及时反应,始终能够适应动态变化的运行环境。因此,要有效应对供应链风险,建立敏捷供应链至关重要,以有效应对各种可能的风险,并有预见性地采取措施,抵御供应链风险产生的负面影响,提高供应链韧性。

4. 数字化供应链风险管理文化

数字化供应链风险管理文化能够推进供应链韧性建设,不仅是指在供应链整体建设中具备风险防范和管理意识,还要运用先进的数字技术手段实现随时随地观测、监控和防范任何潜在风险,形成正式的机制、流程和体系,从而将风险管理文化渗透在供应链日常运营活动中。这种常态化的风险管理文化和体系主要表现为:基于事件的供应链早期预警体系,通过各种来源数字信息识别影响供应链有效运行的关键事件流程,并将潜在风险及时告知决策者,尽可能地将供应链风险可能产生的危害降到最低水平。

复习思考题

1. 简述基于平衡计分卡的数字供应链绩效评价体系。
2. 按照风险性质分类,供应链风险存在什么类型?
3. 供应链风险识别包括哪些程序?
4. 专家会议法和德尔菲法有什么区别?
5. 供应链风险管理机制有哪些?
6. 供应链风险管理措施有哪些?

培训课程 5

数据管理基础知识

学习单元 1　大数据时代与供应链管理

一、大数据时代

大数据时代是在信息化时代的基础上,由智能化数据处理和应用在生产工具、劳动者、生产方式等方面产生的生产力变革。大数据是指无法在一定时间范围内用常规软件工具进行捕捉、管理和处理的数据集合,是需要新处理模式才能具有更强决策力、洞察发现力和流程优化能力的海量、高增长率和多样化的信息资产。其特点在于数据量大、类型繁多、价值密度低、速度快、时效高。

随着越来越多的社会资源被网络化和数字化,大数据的应用范围不断扩大,大数据承载的价值也不断被提及。各行各业均存在大数据,但是众多信息和资讯是纷繁复杂的,需要搜索、处理、分析、归纳、总结其深层次的规律。在网络时代,大数据本身既可以代表价值又可以创造价值。然而,大数据目前处于被应用的初始阶段,需要进一步完善和发展。

二、传统供应链管理所面临的挑战

1. 响应速度较慢

从整体上看,传统供应链管理以库存管理构成支撑企业经营的基本条件,库存成为实现经营的流动资产。在此种经营模式下,包括仓储、包装、搬运装卸、运输等基本环节的周转库存构成了经营的基本保障,而周转库存周期通常在两个月以上。所以,这种模式下的客户需求响应速度较慢。

2. 终端消费需求不能被有效满足

传统供应链管理对企业经营的贡献主要在于企业能满足市场的部分需求。在这种情况下，终端消费者的基本需求能够得到满足，但不能满足终端消费者潜在的深层次需求。供给端的生产制造只能进行针对大众化设计，而不能针对终端客户的体验进行个性化设计。

3. 协同效应差

传统供应链管理协同效应较差主要体现在上、中、下游不能快速实现渠道的建立，销售渠道未能实现与终端客户的有效交互。从整个供应链管理水平来看，各个环节都在实现自身利益的最大化，但是未能实现整体效益的最大化，在面临市场竞争时存在互相挤压，或为维护单个环节的利益而牺牲整个供应链效益的情况。

4. 管理成本高

传统供应链管理信息化水平低下，不能将各个环节所产生的企业信息进行有效传递，最终造成了企业各自所付出的固定成本中的摊销成本非常高，人工成本尤其突出。因此，严重的条块分割所造成的管理混乱和管理成本已经成为传统供应链管理的挑战之一。

三、大数据时代供应链管理的机遇

1. 供应链管理理念的精准化

大数据时代的变革使供应链管理理念能够实现深层次、精准化的发展，包括供应链终端需求信息收集，用户体验反馈生产端并对产品进行再设计、制造和生产，这些都有助于满足终端客户深层次且更精准的需求。

2. 协同效应作用加大

通过智能硬件和软件技术的数据化处理，供应链各环节的信息处理、收集分析和应用均能及时有效地实现最优化，不但能实现单个环节在执行层面的最优成本，而且可以实现整体各环节的协同作用。

3. 消费需求定制化驱动

大数据的应用能通过对客户交易行为和购买行为的分析精准预测其需求，进而通过定制化生产满足其需求，把供给端的批量生产转变为以个性化需求满足为特征的定制化生产。

四、基于大数据的供应链管理优化

1. 需求预测优化

需求预测是整个供应链的源头，是整个市场需求波动的晴雨表，直接关系到库存策略、生产安排以及对终端客户的订单交付率。大数据的应用为需求预测提供了更准确和全面的数据支持。首先，通过对历史数据的分析，企业可以发现市场需求的周期性和规律性，从而预测未来市场的发展趋势。其次，通过对消费者的购买记录和行为进行分析，企业可以了解产品的受欢迎程度和销售趋势，从而预测产品需求量。最后，通过对产品销售数据进行分析，企业可以了解产品的成长期、成熟期和衰退期，从而及时调整产品生命周期管理策略。

2. 供应链采购优化

通过对供应商的采购数据、补货数据、销售数据等进行深度挖掘，以及对有关投资回报的相关信息进行大数据分析，可以有效预测材料需求和市场需求，对采购流程进行控制，有效降低采购成本，进一步降低企业的缺货风险和缺货成本，为供应链采购环节的顺利执行保驾护航。

3. 订单管理优化

订单处理的速度在某种程度上反映了供应链的运作效率。传统的订单处理通常需要人工干预，容易出现信息输入错误和处理延误等问题。基于大数据，企业可以分析历史订单数据、市场状况、季节性变化，以及客户下单的时间、数量、地点等数据，发现订单的周期性规律与季节性变化，准确地预测未来订单的需求量和趋势，帮助企业更加精确地制订生产和运输计划，避免库存过剩或缺货问题，提高供应链效率与灵活性。

4. 库存管理优化

传统企业在库存管理环节最突出的问题就是库存管理数据混乱，比如，出现库存产品的实际数量与账面数据不一致等数据偏差。大数据基于日趋成熟的云计算技术对库存管理数据进行归纳、检索、整合。利用云计算对货物实时信息进行动态收集和分析，随时掌握库存情况，以此来对仓库库存布局进行合理调整，通过降低调拨次数来降低库存成本。云计算便捷的信息获取和简单的信息归纳能力可以有效降低物资库存管理成本，提升企业存货控制水平和管理水平。

5. 物流运输优化

物流运输市场有很强的动态性和随机性，交通运输、仓储设施、货物包装、流通加工和搬运等环节对信息交互及共享要求较高，需要实时分析特定时期、特定区域的物流供给与需求情况，同时对已配置和将要配置的资源进行优化。大数据可以从海量的数据中提取物流需求信息，优化配送路线，合理选择物流中心地址，优化仓库储位，降低物流成本并提高物流效率，从而实现对物流资源的合理利用。

学习单元 2 数据及其统计

一、数据的基本概念

数据指对客观事件进行记录并可以鉴别的符号，是对客观事物的性质、状态以及相互关系等进行记载的物理符号或这些物理符号的组合。

二、数据的类型

1. 根据字段类型划分

（1）文本类数据：用于描述字段，如姓名、地址、交易摘要等。

（2）数值类数据：用于描述量化属性或用于编码，如交易金额、额度、商品数量、积分数、客户评分等，可直接用于四则运算，是日常计算指标的核心字段。

（3）时间类数据：用于描述数据发生的时间。

2. 根据数据结构划分

（1）结构化数据：用关系数据库方式记录的数据，数据按表和字段进行存储，字段之间相互独立。

（2）半结构化数据：以自描述的文本方式记录的数据，无须满足关系数据库上非常严格的结构和关系，在使用中非常方便。

（3）非结构化数据：语音、图片、视频等格式的数据。这类数据一般按照特定应用格式进行编码，数据量非常大，且不能简单地转换成结构化数据。

3. 根据数据处理程度划分

（1）原始数据：来自上游系统的、没有进行过任何加工的数据。

（2）衍生数据：对原始数据进行加工处理后产生的数据。

三、数据的统计计量

对统计数据的属性、特征进行分类、标示和计算，称为统计计量或统计量度。按照变量的性质和数学运算的功能特点，统计计量被划分为四个层次或四种计量尺度。

1. 分类尺度

不同数字仅表示不同类（组）别的品质差别，而不表示它们之间量的顺序或量的大小。

2. 顺序尺度

数字可以用于表示量的不同类（组）别，而且也反映量的大小和顺序关系，从而可以列出各单位、各类（组）的次序。

3. 定距尺度

不仅能将事物区分为不同类型并进行排序，还可以准确地指出各类别之间的差距。

4. 定比尺度

在定距尺度的基础上确定可以作为比较的基数，将两种相关的数加以对比而形成新的相对数，用以反映现象的构成、比重、速度、密度等数量关系。

四、数据的基本统计量

1. 集中趋势度量

（1）分类数据

众数：一组数据中出现次数最多的变量值，反映分类数据集中趋势时不受极端值影响。

（2）顺序数据

中位数：一组数据排序后处于中间位置的变量值。

四分位数：一组数据排序后处于 25% 和 75% 位置上的值，反映顺序数据集中趋势时不受极端值影响。

（3）数值型数据

平均数：一组数据相加后除以数据的个数得到的结果，反映数值型数据集中趋势时易受极端值影响。

2. 离散程度度量

（1）分类数据

异众比率：非众数组的频数占总频数的比例，用于衡量众数对一组数据的代表程度。其值越大，众数的代表性越差；值越小，众数代表性越好。

（2）顺序数据

四分位差：上四分位数与下四分位数之差，反映了中间 50% 数据的离散程度。其数值越小说明数据越集中，数值越大说明数据越发散。

（3）数值型数据

方差：各变量值与其均值离差平方的平均数。

标准差：方差的平方根。其值越大，说明数据越分散。

3. 分布形态度量

（1）偏态系数。对数据分布对称性的测度，当分布对称时，其值为 0；分布左偏时，其值为负；分布右偏时，其值为正。

（2）峰态系数。对数据分布平峰或尖峰程度的测度，通过与标准正态分布的峰态系数进行比较来实现，当分布为正态时，其值为 0；分布为尖峰时，其值为正；分布为平峰时，其值为负。

4. 相对离散程度

离散（变异）系数：一组数据的标准差与其相应的平均数之比，用来比较不同样本之间的离散程度。离散系数越大，说明数据的离散程度越大；离散系数越小，则说明数据的离散程度越小。

学习单元 3　数据处理

一、数据处理的基本概念

数据处理是对数据（包括数值型数据和非数值型数据）进行分析和加工的技术过程，包括对各种原始数据的分析、整理、计算、编辑等。数据处理的基本目的是从大量的、杂乱无章的、难以理解的数据中抽取并推导出对于某些特定任务有价值、有意义的数据。

二、数据处理的流程

1. 数据集成

数据集成是通过应用间的数据交换实现集成的，主要解决数据的分布性和异构性问题，其前提是被集成应用必须公开数据结构，即必须公开表结构、表间关系、编码的含义等。

2. 数据清理

数据清理的主要思想是通过填补缺失值、光滑噪声数据、平滑或删除离群点，并解决数据的不一致性以"清理"数据。这是一个过程，包括两个步骤：一是偏差检验，对数据集中的偏差数据进行检测与分析；二是数据变换，对数据进行规范化、离散化、稀疏化处理，达到适用于挖掘的目的。两个步骤彼此可以迭代进行。

3. 数据规约

数据规约是在尽可能保持数据原貌的前提下，最大限度地精简数据量，但仍尽量保持原数据的完整性。这样，在规约后的数据集上挖掘将更有效，并产生相同（或几乎相同）的分析结果。

三、数据处理的作用

1. 分析数据集成

数据集成是企业数据管理战略的关键组成部分。在收集整个企业的数据后,为确保数据准确性和一致性,对数据进行清理和验证,再将其整合成统一的数据集。通过数据集成,将数据存储在不同的应用和平台中,有助于交付正确的信息,凝聚整个企业的力量协调所有活动和决策,提高企业的运营能力和战略能力,向客户高效交付优质产品和服务,支持企业实现目标。

2. 提升数据质量

数据清理是数据分析过程中的一个重要步骤,涉及识别和纠正数据集中的错误、不一致和缺失数据。数据清洗的目标是确保数据准确、一致和完整,以便对其进行有效分析并提供有意义的见解。数据清洗后数据质量、价值和利用率得到提高,这时需要将清洗后的数据进一步变换以减小其误差,使其更利于分析。数据变换是对数据进行规范化、离散化、稀疏化处理,达到适于挖掘的目的,有助于减小模型受到的各种干扰,减小预测和估计的误差。

3. 增强数据可分析性

在大数据集上进行复杂的数据分析和挖掘需要很长时间,数据规约产生更小但保持原数据完整性的新数据集。少量且具代表性的数据将大幅缩减数据挖掘所需的时间,降低储存数据的成本,提高了分析和挖掘的效率。此外,数据规约还可以降低无效、错误数据对建模的影响,提高建模的准确性。

学习单元 4 数据可视化

一、数据可视化的基本概念

数据可视化利用一定的算法和工具对数据进行定量推演和计算,利用数据分析和开发工具发现其中的未知信息,从而将大型数据集中的数据以图形、图像形式表示,清晰、有效地传达信息。

二、数据的图表可视化

1. 分类数据可视化

（1）频数分布表

1）单变量分布表：用于计数和汇总一个分类变量的数据，可以使频数、比例等一目了然。

2）双变量列联表：用于计数和汇总两个分类变量的数据，可以使两个变量交叉分类的频数、比例等一目了然。

（2）条形图：用来展示各类别的绝对值和数据的分布特征。它通过相同宽度条形的长短来表示各类别的数值大小，其示例如图2-22所示。

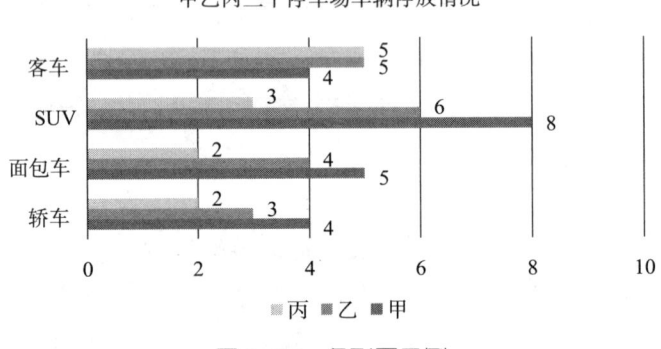

图2-22 条形图示例

（3）帕累托图：通过出现的次数显示差异的条形图。

（4）饼图：用扇形面积表示总体中各部分占比的图形，又称圆形图，其示例如图2-23所示。

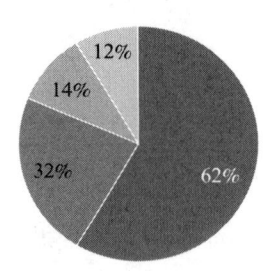

图2-23 饼图示例

（5）环形图：显示多个样本各部分所占的相应比例，用于比较多个样本的结构，其示例如图 2–24 所示。

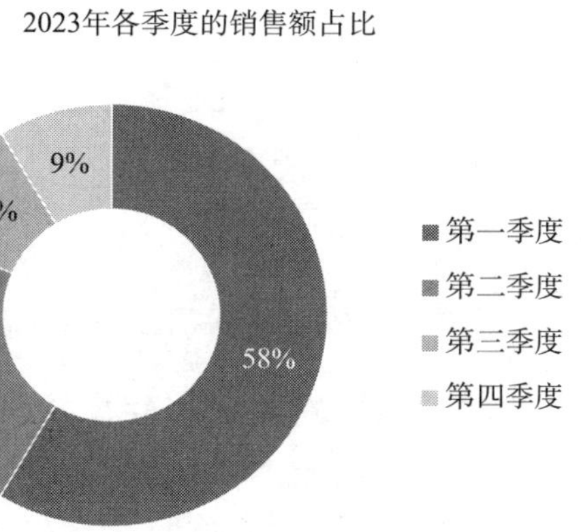
2023年各季度的销售额占比
9%
10%
23%
58%
第一季度
第二季度
第三季度
第四季度

图 2–24　环形图示例

此外，还有马赛克图、脊柱图、扇形图等。

2. 顺序数据可视化

累计频数分布图：用于展示顺序变量的累积频数分布情况。它是在横坐标上将各类别按级别大小进行升序或降序排列，在纵坐标上表示各类别的频率，用折线表示累积频率。

3. 数值型数据可视化

（1）频数分布表 – 分组表：用于计数和汇总数值型分组数据，可以使分组后的频数、比例等一目了然。

（2）直方图：用于描述数量型数据频数或频率分布，矩形的高度表示每一组的频数或频率，宽度则表示各组的组距。

直方图与条形图的区别在于：条形图主要用来展示分类数据，其高度表示各类别频数的多少，其宽度是固定的；直方图则主要是用于展示数值型分组数据，用面积表示频数分布，矩形的高度表示每一组的频数或频率，宽度则表示各组的组距，因此其高度和宽度均有意义。且由于分组数据具有连续性，直方图的各矩形通常是连续排列的，而条形图则是分开排列的。

直方图与条形图的联系在于：二者都用来展示数据分布情况；在平面直角坐标系中，二者的横轴都表示分组，纵轴都可表示频数或频率大小。

（3）散点图（两个数值型变量）：用来展示两个数值型变量之间的关系，通过观察散点的趋势判断两个变量的相关性，其示例如图 2–25 所示。

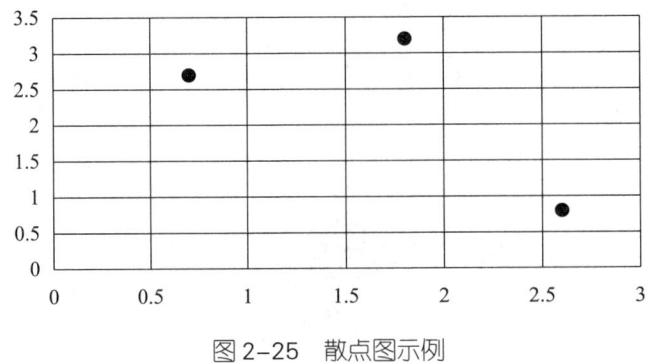

图 2-25 散点图示例

（4）雷达图（两个以上数值型变量）：从一点出发，用每一条射线代表一个变量，多个变量数据的连线就围成了一个区域，多个样本就能绘制多个区域，从而方便研究各样本间的相似程度，其示例如图 2-26 所示。

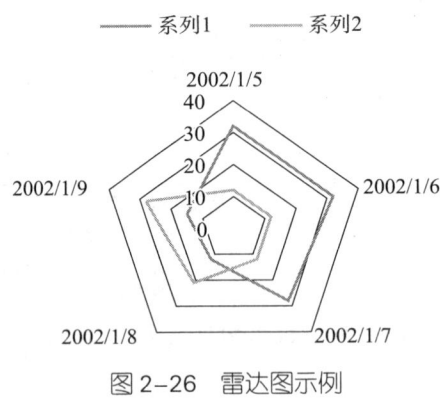

图 2-26 雷达图示例

此外，还有茎叶图、箱线图、星图、脸谱图等。

三、数据可视化的作用

数据可视化最重要的作用就是改变信息的表达方式。信息的有效性很大程度上依赖于其表达方式。通过将罗列组成的数据中所包含的意义进行可视化展示，不仅可以提供信息，还可以通过强大的呈现方式增强信息影响力，吸引人们的注意力。借助图形化的手段进行视觉对话可以清晰、有效地传达信息，帮助企业从信息中提取知识，从知识中收获价值，快速吸收信息，提高洞察力，并更快地作出决策，提高快速行动的能力，从而以更快的速度和更少的错误取得成功。

学习单元 5　数据分析

一、数据分析的基本概念

数据分析是指运用适当的方法对收集来的大量数据进行分析，加以汇总、理解和消化，以求最大化地发挥数据的作用。这是为提取有用信息和形成结论而对数据加以详细研究和概括总结的过程。

二、数据分析的类型

1. 描述性数据分析——描述发生什么

这是众多数据分析类型中最常见的形式。从商业角度来说，它为分析人员提供了业务中关键指标和措施的概况，比如每月的损益表。

2. 诊断性数据分析——追溯事件发生原因

诊断性数据分析是数据分析中更具复杂性的后续步骤。在对描述性数据进行评估时，诊断性分析工具将有助于分析人员深入了解问题，并在根本上解决问题。

3. 预测性数据分析——预测可能发生的事件

预测性数据分析是指在数据分析中通过预测模型预测可能发生事件的相关信息，包括发生事件的可能性、估计可能发生事件的时间点等。

三、数据分析的作用

1. 现状分析

数据分析可用于展现现阶段企业决策、供应、生产、营销等环节的情况，进而通过分析多个环节的数据指标来衡量企业整体经营现状，以显示企业整体情况。还可找出企业每个环节发展的关键节点，以便了解企业每个环节的发展和变化，并对企业的发展现状有更深入的了解。

2. 原因分析

在利用数据对企业进行现状分析后，企业对决策、供应、生产、营销等环节有了基本了解，但可能不知道哪个环节发展得更好、各环节的差异是什么以及造成这种情况的具体原因。这时需要利用数据进行原因分析，了解各环节的发展趋势和核心要素，进一步确定具体原因。

3. 预测分析

通过收集企业经营数据，分析发现周期性规律，可以预测未来发展趋势，为企业未来各环节的发展以及实现整体效益的最大化提供有效的战略参考和决策依据，从而根据预测分析结果调整企业行为，实现企业整体效益最大化。

学习单元 6　处理数据的实用工具

一、Excel 生态工具

1. Excel

Excel 可以进行各种数据的处理、统计分析和辅助决策操作，适合于处理简单的数据分析问题，具体功能如下。

（1）利用行列式表格将分散、孤立的数据进行高效的存储。

（2）利用内置强大的函数对数据进行分析和计算，利用不同函数的组合与嵌套完成绝大部分领域的常规计算任务。

（3）利用数据透视表对数据列表进行快速的搜索和匹配，以生成各种信息报表。

优点如下。

（1）Excel 支持手动输入、复制和粘贴等多种数据输入方式，方便用户将数据快速导入表格。

（2）Excel 提供了丰富的数据分析和展示功能，可以帮助用户快速、直观地理解数据。

（3）Excel 提供强大的计算和分析功能，包括排序、筛选等多种工具，方便用户对数据进行深入分析和处理。

2. VBA

VBA 是 Excel 里的编程语言。VBA 的最大作用是自动化、批量化、智能化地操作 Excel，被广泛应用于数据分析处理、数据建模、报表开发、应用开发等。

3. Power Query

Power Query 是 Excel 的一个插件程序，可以导入来自不同数据源的数据，将清洗和整理好的数据传递给数据透视表、Power Pivot、Power Map 等工具进行数据分析和展示。

4. Power Pivot

Power Pivot 是 Excel 的一个插件程序，用于创建数据模型、建立关系以及进行计算。

二、数理统计工具

1. SAS（statistics analysis system）

SAS 是一个可用于数据分析、风险管理模型设计、商业智能等领域的大型统计分析软件，具体功能如下。

（1）拥有智能型绘图系统，可用于绘制各种统计图和地图。

（2）拥有多个统计过程，每个过程均含有极丰富的任选项。

（3）提供各类概率分析函数、分位数函数、样本统计函数和随机数生成函数，可满足用户的特殊统计要求。

（4）具有灵活的功能扩展接口和强大的功能模块。

优点如下。

（1）统计方法齐全。

（2）使用简便，操作灵活。

（3）支持多平台运行。

（4）开放性强。

2. MATLAB

MATLAB 是一种用于算法开发、数据可视化、数据分析以及数值计算的高级技术计算语言和交互式程序设计语言，具体功能如下。

（1）具有数值计算与符号计算功能。

（2）可进行底层绘图操作和高层绘图操作。

（3）具有功能性和学科性工具箱。

优点如下。

（1）语言简洁、编程效率高。

（2）便于绘制多种常用的二维图形和三维图形。

（3）易于学习和使用。

（4）工具箱丰富。

三、BI 工具

1. Power BI

Power BI 可让用户轻松地连接到数据源，直观地看到或发现重要内容，进行丰富的建模和实时分析及自定义开发，并可与任何人进行共享，具体功能如下。

（1）可发现数据关联和趋势，并能深入了解导致其发生的原因。

（2）专注于数据提取，并能轻松构建复杂的数据模型。

（3）通过使用自然语言进行查询来创建精细且复杂的可视化报表。

优点如下。

（1）集成所有主要的数据库平台，包括 SQL、Oracle、Db2、Informix 等。

（2）可以向选定的外部用户提供报告。

（3）免费版具有许多与付费版相同的功能，并且免费版可以将内容同步到付费版。

2. Tableau

Tableau 可以连接到文件、关系数据源和大数据源来获取和处理数据，是用于可视分析数据的商业智能工具，具体功能如下。

（1）通过直观的界面将拖放操作转化为数据查询，对数据进行可视化呈现。

（2）提供机器学习、统计、自然语言和智能数据准备功能。

（3）提供完整的集成式分析平台。

优点如下。

（1）数据分析和可视化技术强大。

（2）业务生态齐全。

（3）易用且商业分析属性强。

（4）更适合创建交互式仪表板。

四、数据库工具

1. MySQL

MySQL 是一种关系型数据库管理系统，关系数据库将数据保存在不同的表中，通过该方法可增加速度并提高灵活性。其具体功能如下。

（1）为多种编程语言提供应用程序编程接口。

（2）可以处理拥有上千万条记录的大型数据库。

（3）客户端与服务器通信，以使用特定的 SQL 语句请求和处理数据。

优点如下。

（1）可以在 Windows、UNIX、Linux 和 Mac OS 等多种操作系统上运行。

（2）是开放源代码的数据库。

（3）支持分布式存储和集群环境，可以轻松扩展数据库的存储和处理能力。

2. SQL Server

SQL Server 允许用户在高层数据结构上工作，是一种关系型数据库，具体功能如下。

（1）提供先进的安全性功能。

（2）允许开发人员将系统模块组合在一起。

(3)从图形界面快速搭建数据库。

优点如下。

(1)拥有多种实用的可靠性功能,可以防止数据因意外事故而遭受损坏。

(2)为用户提供安全环境,确保保留的数据受到安全保护。

(3)支持多种语言,比如 SQL、C、Java 等,可让用户在不同平台上编写数据库代码。

五、编程工具

1. Python

Python 是一种面向对象、解释型计算机程序设计语言。语言特点如下。

(1)语法简洁,代码结构清晰,编写高效、易读性强。

(2)免费开源,用户可以自由地发布这个软件的拷贝,阅读它的源代码,对它做改动,把它的一部分用于新的自由软件中。

(3)支持在多种操作系统上运行和开发,如 Windows、Linux、Mac OS 等系统。

(4)可嵌入其他程序中使用,常用作脚本语言在其他程序的插件中进行调用。

2. R 语言

R 语言集统计分析与图形显示于一体,是一套由数据操作、计算和图形展示功能整合而成的套件。语言特点如下。

(1)是一种开源语言,可以通过优化软件包、开发新软件包以及解决问题来进一步开发。

(2)可以在 Windows、Linux 和 Mac OS 等所有操作系统上运行。

(3)拥有出色的制图能力,并与 ggplot2 和 plotly 等美学图像库兼容。

(4)提供许多统计分析的经典方法和技术,如线性回归、逻辑回归、聚类分析和时间序列分析等。

3. Java

Java 是一门面向对象的编程语言,具有简单性、面向对象、分布式、稳健性、安全性、平台独立与可移植性、多线程、动态性等特点。语言特点如下。

(1)Java 的语法与 C 语言和 C++ 很相近,但舍弃了很多 C++ 中难以理解的特性,使编程变得更加简单。

(2)只支持类之间的单继承,但是可以使用接口来实现多继承。

(3)提供了一个安全机制以防止恶意代码的攻击。

(4)提供了网络应用编程的类库,包括 URL、URL Connection、Socket 等。

复习思考题

1. 大数据的特点是什么？
2. 传统供应链面临着怎样的挑战，应如何应对这些挑战？
3. 结合实际分析大数据在现代企业经营中的地位和作用。
4. 数据可以分为哪些类型？
5. 统计计量分为哪几个层次？
6. 数据处理的流程是什么？
7. 结合实际，分析数据处理在现代企业经营中的作用。
8. 请列举在供应链管理中常见的图表。
9. 简述数据可视化的作用。
10. 数据分析的类型是什么？
11. 数据分析有什么作用？结合实际分析其在企业经营中的作用。
12. 在供应链管理工作中需要用到哪些数据处理工具？
13. 请结合具体场景描述不同数据处理工具的优势。
14. 供应链管理师应该掌握哪几种计算机语言？请描述其语言特点。
15. 情景应用

（1）收集数据

经理要求收集某三线城市线下销售渠道客户订单数据，小李通过查阅资料，学习各类数据可视化工具，整理近三年的数据为基期数据，得到了该城市销售渠道客户的订单数据，分类和整理后得到 KH 冰箱的基期数据表，见表 2-4。

表 2-4　2020—2022 年 KH 冰箱客户实际需求数据表　　　单位：台

月份＼年份	2020 年	2021 年	2022 年
一月	201	187	211
二月	205	196	210
三月	235	195	214
四月	243	246	208
五月	250	266	276
六月	234	228	269
七月	256	257	265
八月	231	233	253

续表

年份 月份	2020 年	2021 年	2022 年
九月	229	227	244
十月	185	188	202
十一月	187	195	221
十二月	189	191	210
合计	2 645	2 609	2 783

（2）市场分析

小李对收集的 KH 冰箱客户订购数据进行汇总，应用 Excel 制作可视化报表，做出近三年期数据的折线图，如图 2-27 所示。

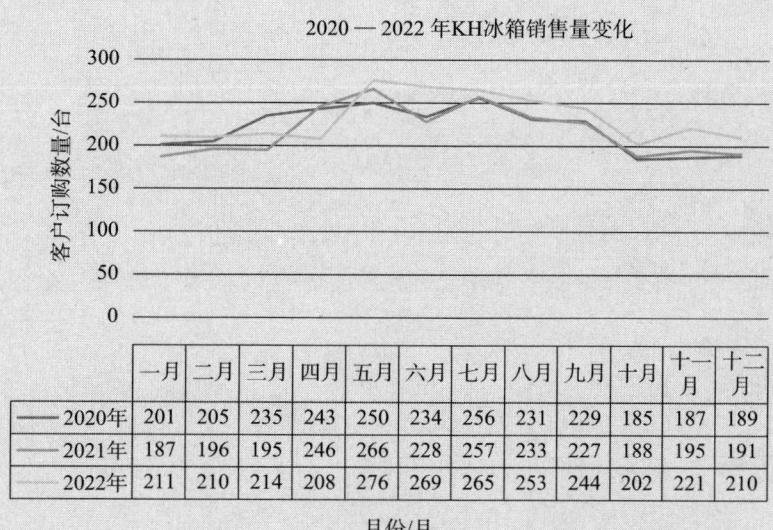

图 2-27 KH 冰箱基期数据变化示意图

由图 2-27，小李发现一些规律的存在：每一年的数据存在周期性波动；每一年的不同月份，数据呈现出规律性变化；分析线下客户需求，特别对 2023 年国内冰箱的生产市场前景进行分析，列举出影响产品市场需求的主要因素：①产品价格；②相关产品和替代产品的价格；③消费者的收入水平；④消费者的习惯与嗜好；⑤生产企业的促销手段等。

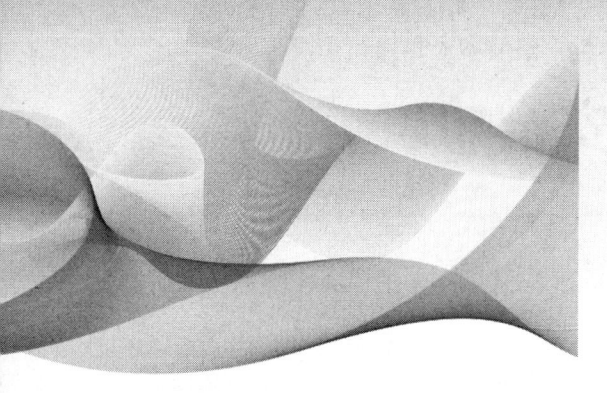

职业模块 ③
安全生产与环境保护基础知识

培训课程 1　职业安全知识

培训课程 2　职业健康知识

　　学习单元 1　职业健康概述

　　学习单元 2　职业病危害防护基础知识

　　学习单元 3　职业病危害的防护措施

　　学习单元 4　供应链管理师职业健康

培训课程 3　环境保护相关知识

培训课程 1

职业安全知识

一、职业安全概述

1. 职业安全

职业安全是指在生产活动中,能将人员伤亡或财产损失控制在可接受水平的状态;人员或财产遭受损失的可能性超过了可接受水平,即为不安全。

2. 隐患与危险源

(1)隐患

隐患是指工作场所、设备、设施的不安全状态,人的不安全行为和管理上的缺陷。隐患一旦被发现,就要予以消除。对于受客观条件所限,不能立即消除的隐患,要采取措施降低其危险性。

(2)危险源

危险源是指一个系统中具有潜在能量和物质释放危险的,可造成人员伤害、财产损失或环境破坏的,在一定的触发因素作用下可转化为事故的部位、区域、场所、空间、岗位、设备及其位置。

3. 职业禁忌

职业禁忌是指劳动者从事特定职业或者接触特定职业病危害因素时,比一般职业人群更易遭受职业病危害和罹患职业病或者可能导致原有自身疾病病情加重,或在从事作业过程中诱发可能导致对他人生命健康构成危险的疾病的个人特殊生理或者病理状态。

二、职业危害因素

职业危害因素是指工作场所中存在及在作业过程中产生的各种化学、物理、生物等对人体产生健康损害的因素。

1. 生产过程中的职业危害因素

根据《职业病危害因素分类目录》,生产工艺过程中产生的有害因素按危害因素的性质分为粉尘、化学因素、物理因素、放射性因素、生物因素、其他因素6大类别。

2. 劳动组织中的职业危害因素

劳动组织中的有害因素主要包括三方面：（1）劳动组织、劳动制度不合理；（2）劳动中的精神过度紧张；（3）个别器官或系统过度紧张。

3. 作业环境中的职业危害因素

作业环境中的有害因素主要包括三方面：（1）生产场所设计不符合卫生标准或要求；（2）缺乏必要的卫生技术设施；（3）职业病危害防护设施和个人防护用品不全。

三、供应链管理师职业安全危害因素

1. 物理因素

物理因素一般多为自然存在，物理因素的主要特点是以能量的形式存在于工作场所中并作用于人体。

（1）噪声

在供应链的生产、运输、分拨等环节中，劳动者可能接触到噪声。长期接触一定强度的噪声，会对人体产生不良影响。

（2）高温与低温

在供应链的生产、运输、分拨等环节中，劳动者可能处在高温或低温环境中。高温作业是指在生产劳动过程中，工作地点的温度≥35 ℃的作业。低温作业是指工作地点平均温度≤5 ℃的作业。

2. 化学因素

在供应链的生产、采购和物流等环节中可能接触到以原料、成品、半成品、反应副产物等形式存在的有毒物质。这些毒物可经呼吸道、消化道和皮肤等途径侵入人体。例如，在材料搬运与储存环节中，液态材料的有毒物质可能因包装不合格而渗透，经皮肤进入人体。

3. 生物因素

生物因素是指生产原料和生产环境中存在的对职业人群健康有害的致病性微生物、寄生虫、昆虫和其他动植物及其所产生的生物活性物质。供应链管理师在涉及家畜养殖、屠宰、皮毛加工、进出口等相关行业的供应链管理时，可能会接触到各种病菌、病毒和寄生虫等。

复习思考题

1. 简述职业禁忌的含义。
2. 职业危害因素有哪些?
3. 试列举常见的供应链管理师职业安全危害因素。

培训课程 2　职业健康知识

学习单元 1　职业健康概述

一、健康与职业健康

1. 健康

世界卫生组织关于健康的定义：健康乃是一种在身体上、精神上的完美状态，以及良好的适应力，而不仅仅是没有疾病和衰弱的状态。

2. 职业健康

国际劳工组织和世界卫生组织的联合职业健康委员会关于职业健康的定义：职业健康应以促进并维持各行业职工的生理、心理及社交处在最好状态为目的；并防止职工的健康受工作环境影响；保护职工不受健康危害因素伤害；并将职工安排在适合他们的生理和心理的工作环境中。

二、职业病与工伤

1. 职业病

广义的职业病是指企业、事业单位和个体经济组织等用人单位的劳动者在职业活动中，因接触粉尘、放射性物质和其他有毒、有害因素而引起的疾病。狭义的职业病是指由于社会保障的需要，由国家的政府部门以法律法规形式规定了职业病范围，称为法定职业病，经确诊后将享有政府规定的劳动劳保待遇。

2. 工伤

工伤是指劳动者在从事职业活动或者与职业责任有关的活动时所遭受的事故伤害和职业病伤害。以下是 7 项被认定为工伤的情形。

（1）在工作时间和工作场所内，因工作原因受到事故伤害的。

（2）工作时间前后在工作场所内，从事与工作有关的预备性或者收尾性工作受到事故伤害的。

（3）在工作时间和工作场所内，因履行工作职责受到暴力等意外伤害的。

（4）患职业病的。

（5）因公外出期间，由于工作原因受到伤害或者发生事故下落不明的。

（6）在上下班途中，受到机动车事故伤害的。

（7）法律、行政法规规定应当认定为工伤的其他情形。

学习单元2 职业病危害防护基础知识

一、职业病危害防护相关概念

1. 职业病防护设施

职业病防护设施是指消除或者降低工作场所的职业病危害因素的浓度或者强度，预防和减少职业病危害因素对劳动者健康的损害或者影响，保护劳动者健康的设备、设施、装置、构（建）筑物等的总称。

2. 个人防护用品

个人防护用品是指在劳动生产过程中使劳动者免遭或减轻事故和职业危害因素的伤害而提供的个人保护用品，直接对人体起到保护作用。

二、职业病危害因素的识别

1. 签订劳动合同时了解接触的职业病危害因素

《中华人民共和国职业病防治法》第三十三条规定："用人单位与劳动者订立劳动合同（含聘用合同，下同）时，应当将工作过程中可能产生的职业病危害及其后果、职业病防护措施和待遇等如实告知劳动者，并在劳动合同中写明，不得隐瞒或者欺骗。"

2. 职业卫生培训时辨识职业病危害因素

用人单位应当对劳动者进行上岗前的职业卫生培训和在岗期间的定期职业卫生培训，普及职业卫生知识，结合劳动者实际工作情况，告知劳动者可能接触的职业病危害。

3. 通过工作场所职业病危害警示标识和告知卡辨识职业病危害因素

劳动者可通过工作场所设置的职业病危害警示标识和告知卡辨识工作中存在的职

业病危害因素。

三、职业病危害控制的技术措施

职业病危害控制措施一般有五种，分别是消除、替代、工程控制、管理控制和个体防护。

1. 消除

消除是指消除职业危害因素，这是职业病预防最理想的措施，主要包括采用先进技术和工艺、使用远距离操作或自动化操作等。

2. 替代

替代是指原料或生产工艺替代，这也是职业病预防的重要措施，主要包括改进工艺、以低毒物质代替高毒物质等。

3. 工程控制

工程控制主要是采用卫生工程技术手段控制生产过程中产生的职业病危害因素，如在特定的工作场所采用机械通风设备。

4. 管理控制

管理控制是通过组织管理对工作场所的职业病危害因素进行控制，需要建立健全职业病防治责任制和职业卫生管理制度、职业卫生档案和劳动者健康监护档案。

5. 个体防护

个体防护对预防职业病危害因素也十分重要。通常可以采用一些常见的个人防护用品对个人进行防护，如防护头罩、防护服、防护眼镜和过滤式呼吸防护器等。

学习单元 3　职业病危害的防护措施

一、职业病危害的个体防护

职业病危害的个体防护主要包括：熟知岗位职业操作规程；认识职业病危害警示标识；正确使用职业病防护设施；了解职业健康检查项目；学会读懂个人职业健康检查结果报告。

1. 熟知岗位职业操作规程

需要熟知的操作规程包括：生产操作方法和要求；重点操作的复核；操作过程的

职业病危害和防护要求；异常情况处理和报告。

2. 认识职业病危害警示标识

警示标识包括图形标识、警示线、警示语句、告知卡等。图形标识、警示语句和文字设置在工作场所入口处或工作场所的显著位置。警示语句是一组表示禁止、警告、指令、提示或描述工作场所职业病危害的词语。

3. 正确使用职业病防护设施

正确佩戴个人防护用品作为保护劳动者健康的最后一道防线，使用如耳塞、耳罩、头戴式防尘口罩等防护用品前，作业人员应仔细阅读使用说明书或接受适当的使用培训。

4. 了解职业健康检查项目

职业健康检查项目包括常规医学检查项目和特殊医学检查项目。常规医学检查项目是指作为一般健康检查和大多数职业病危害因素的健康检查都需要进行的检查项目。特定的职业病危害因素需要进行常规医学检查项目之外的其他医学检查。

5. 学会读懂个人职业健康检查结果报告

职业健康检查结果报告分为总结报告、个体结论报告和职业健康监护评价报告。体检发现有疑似职业病、职业禁忌证、需要复核/查者和有其他疾病的劳动者可要求体检单位出具体检结论报告。

二、应急处置

1. 职业病危害事故的报告

事故发生后，事故现场有关人员应当立即向本单位负责人报告，情况紧急时，事故现场有关人员可以直接向事故发生地县级以上人民政府应急管理部门和负有应急管理职责的有关部门报告。

2. 常见职业病的应急处置方法

（1）急性职业中毒

发生急性职业中毒时，应立即将患者移至上风向或空气新鲜的场所，注意保持患者周围环境空气流通。如果患者衣服、皮肤被毒物污染，应急人员应在保证自身安全的前提下帮患者脱去被污染的衣物，并用清水彻底冲洗皮肤，冬天宜用温水。对重症患者，应注意其意识状态、瞳孔、呼吸、脉搏、血压的变化。对严重中毒须转送医院者，应急人员应根据症状采取相应的转院前救治措施。

（2）骨折与外伤的急救

发生骨折时，首先应抢救患者生命。如果发现患者心跳、呼吸已经停止或濒于停止，应立即进行胸外心脏按压和人工呼吸。应保持昏迷患者的呼吸道通畅，及时清除其口咽部异物。处理开放性骨折伤口时，除应及时恰当地止血外，还应立即用消毒纱布或干净布包扎伤口，以防伤口继续被污染。对于非专业人员，碰到把握不准的情况，不建议擅自处理，应及时拨打急救电话并在原地等待。

（3）中暑的急救

环境温度过高、湿度大、劳动强度过大、劳动时间过长是中暑的主要致病因素。中暑患者一般会出现体温上升、心跳加速、大量出汗、脸色苍白、虚脱、头痛、头晕、胸闷、呕吐等症状，严重者会抽搐、昏厥，甚至丧失意识。中暑的正确处理方法：使患者迅速远离高温环境，及时为其补充水分，并通过物理手段使其迅速降温。

学习单元4　供应链管理师职业健康

一、供应链管理师工作相关疾病及预防

供应链管理涉及计划、生产、采购和物流等众多环节，而供应链管理师在工作中可能涉及的疾病一般有五种。

1. 颈椎病

颈椎病又称颈椎综合征，是坐姿作业人群最常见的不适症状之一。

颈椎病的预防措施：（1）端正坐姿，尽可能保持自然的端坐位；（2）调整工作台的高度和倾斜度，原则上使头、颈、胸部保持正常的生理曲线；（3）增加工间休息和活动时间；（4）使用合适的枕头，维持头颈部的生理曲线。

2. 下背痛

腰椎也就是下背部，在工作中久坐会导致下背痛，国家卫生健康委员会的数据显示，我国已有超过2亿人腰椎出现了问题。

下背痛的预防措施：（1）避免久坐，坐姿工作时应肩膀放松，避免耸肩，让脊柱保持自然曲线的同时，双脚自然平放在地面上；（2）避免急速前弯及旋转，身体过度后仰等，这些动作可能会伤害背部的肌肉；（3）拿举重物时应保持背部平直；（4）热疗可以改善背痛，如洗热水澡、热敷等。

3. 职业紧张

工作中适度的紧张可以激活劳动者的个人潜能，但如果长期处于较高程度的紧张状态，会引起职业倦怠、抑郁、焦虑、心血管系统疾病。

职业紧张的改善措施：（1）改善作业环境；（2）自我调适，维持健康的生活方式，均衡饮食，定期运动，确保睡眠充足；（3）饮食方面要多食用深色蔬菜、水果、粗粮，

并摄入一定量的蛋奶制品、瘦肉、坚果等，还要避免高油、高脂、高盐饮食。

4. 工作压力导致的心脑血管疾病

长时间工作、作息不规律会增加心脑血管疾病的患病风险，长期生活不规律、工作压力大甚至会导致心脑血管疾病的急性发作，危及生命。

工作压力导致的心脑血管疾病预防：（1）放松心情，预防心脑血管疾病要保持乐观的心情，学会放松；（2）改变不良的生活方式，要控制饮食总量，调整饮食结构，坚持运动，戒烟少酒，劳逸结合；（3）定期检查，预防心脑血管疾病，要注意自身血压、血糖、血脂的情况，高血压、糖尿病等患者要定期到医院检查。

5. 下肢静脉曲张

下肢静脉曲张是静脉系统最重要的疾病，也是四肢血管疾患中最常见的疾病之一，主要表现为下肢大隐静脉扩张、伸长、迂曲，产生患肢酸胀、乏力、沉重等症状，严重者常伴有小腿溃疡或浅静脉炎等并发症。

下肢静脉曲张的预防措施：（1）避免长时间站立或坐位姿势；（2）针对高危人群，可以通过穿有压力梯度的医用弹力袜来预防。

复习思考题

1. 简述职业病危害因素的识别方法。
2. 职业病危害控制措施包括哪几类？
3. 职业病危害的个体防护措施都有哪些？
4. 试列举供应链管理师工作相关疾病及其预防措施。

培训课程 3

环境保护相关知识

一、供应链与环境问题

1. 供应链企业的环境问题

核心企业需要从战略层次推动绿色供应链治理，为促进供应链环境管理提供相应的人力、物力或资金支持，如提供绿色采购培训、专项资金、污水处理设备等。绿色的思维方式和观念要通过核心企业渗透到一级供应商和客户的精神层面、制度层面、物质层面，统一的绿色文化理念能使企业发展前景更加明确。

2. 供应链管理中环境管理实践的不足

（1）环境保护法律体系尚不完善

由于绿色管理在实践上的经验不足，我国现有的相关法律法规分布较为分散，因此，整个环境保护的管理体系仍有待完善及系统化。

（2）民众和企业绿色意识不强

部分企业虽然考虑了绿色投资成本，但整个供应链上各企业间难以形成统一协调的合作机制。而客户对产品的绿色功能要求不高，绿色消费观念还不够深刻。

（3）绿色供应链标准及管理体系尚不健全

由于缺乏相应经验，我国绿色供应链管理模式较为单一，标准不健全，尚不能为企业提供较多打造绿色供应链的参考。

二、发展绿色供应链管理

1. 绿色供应链管理的概念及内涵

（1）绿色供应链管理的概念

绿色供应链以绿色制造理论和供应链管理技术为基础，涉及供应商、生产厂商、销售商和客户，其目的是使产品从物料获取加工、包装、仓储、运输、使用到报废处理的整个过程对环境的影响（副作用）最小，资源效率最高。

（2）绿色供应链与传统供应链比较

绿色供应链和传统供应链的基本框架都是由各类型的企业以及客户等组成的一个网链结构。

一般单个企业的供应链结构模式较为复杂，绿色供应链中添加了环境保护这个要素，则更具复杂性。由于绿色产品属于新生概念，既没有稳定的客户群，也没有现成的市场，企业战略和市场需求时刻都会发生变化，对供应链的动态性要求变得更高。在供应链的运作过程中，客户需求是拉动供应链中物流、信息流和资金流运作的重要因素。在绿色供应链中，客户需求在一定程度上影响着绿色产品的行业发展形势。一家企业可以同时是几个供应链中的一环，绿色供应链中交叉企业使得供应链与供应链相交，体现出供应链的交叉性。

与此同时，绿色供应链与传统供应链也存在不同之处。从企业角度出发，绿色供应链中的制造企业需要进行全面的环境管理。绿色供应链在传统供应链所有元素的基础上增加了产品及包装回收再利用的回收处理要素，使之成为一个半封闭的、绿色的商业链条。

（3）绿色供应链的内涵

绿色供应链充分考虑资源问题、环境问题，重视资源的高效利用和环境保护。绿色供应链在实现企业获利的同时对环境尽可能地友好，在一定程度上达到了经济效益与环境效益的均衡。绿色供应链关注的是一个产品完整的生命周期，要求产品的每一阶段都与低碳经济发展理念相结合。

2. 绿色供应链管理的内容

绿色供应链管理涉及供应链各个主要环节，包括绿色采购、绿色制造、绿色物流、绿色营销等重要内容。

（1）绿色采购

绿色采购是指企业在采购活动中推广绿色低碳理念，充分考虑环境保护、资源节约、安全健康、循环低碳和回收促进，优先采购和使用有利于环境保护的原材料、产品和服务。

（2）绿色制造

绿色制造包括绿色设计、清洁生产和绿色包装三项内容。绿色设计指的是在产品及其制造过程对环境的总体影响和资源消耗减到最小；清洁生产主要是通过使用低污染、无污染、无毒、低毒的原料和能源，采用清洁高效的生产工艺，使物料、能源高效率地转化为有用产品，以保护环境；绿色包装是指包装产品在整个产品生命周期都应符合保护生态环境的规定，是一种促进可持续发展的无公害包装。

（3）绿色物流

绿色物流是指在物流过程中抑制物流对环境造成危害的同时，实现对物流环节的净化，使物流资源得到最充分的利用。它通过融入可持续发展以及环保理念，创新物流过程，来达到减少资源浪费、减低环境污染的目的。

（4）绿色营销

绿色营销是绿色供应链管理的一个重要组成部分，它是一种能辨识、预期并符合消费的社会需求，并带来利润及永续经营的管理过程。

复习思考题

1. 现代供应链中造成的环境问题有哪些？
2. 简述供应链管理与环境问题的关系。
3. 简述绿色供应链管理的内容。

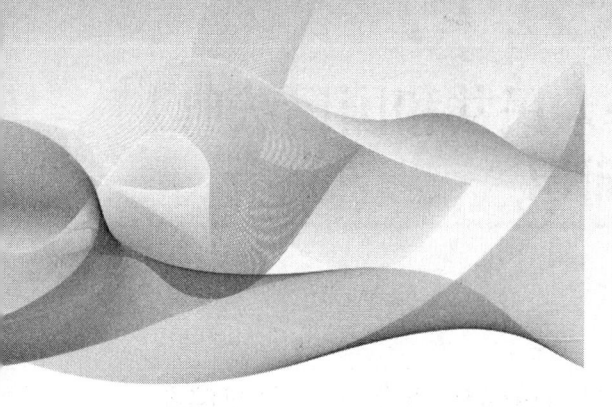

职业模块 ④ 相关法律法规知识

培训课程 1 《中华人民共和国民法典》相关知识
  学习单元 1 《中华人民共和国民法典》内容概述
  学习单元 2 《民法典》基本原则和适用范围

培训课程 2 《中华人民共和国劳动法》相关知识
  学习单元 1 《中华人民共和国劳动法》概述
  学习单元 2 《劳动法》对劳动者和用人单位的保护与约束

培训课程 3 《中华人民共和国劳动合同法》相关知识
  学习单元 1 《中华人民共和国劳动合同法》概述
  学习单元 2 《劳动合同法》对劳动者和用人单位的保护与约束

培训课程 4 《中华人民共和国招标投标法》相关知识

培训课程 5 环境保护法和相关国家标准
  学习单元 1 环境保护法相关知识
  学习单元 2 环境保护相关国家标准

培训课程 6 国际贸易法律、法规相关知识
  学习单元 1 国际贸易法内容概述
  学习单元 2 国际贸易法基本原则和国际贸易术语概述

培训课程 1
《中华人民共和国民法典》相关知识

学习单元1 《中华人民共和国民法典》内容概述

一、概念

民法是调整平等主体之间人身关系和财产关系的法律，理解这个概念要从形式和实质两个层面进行。民法是私法，是权利法，也是市场经济与市民社会的基本法。我国采取民商合一的立法体例。民法的法律渊源包括法律、行政法规、地方性法规、司法解释、行政规章、习惯等。

《中华人民共和国民法典》（以下简称《民法典》）是我国立法史上第一部被称为"法典"的法律，因而具有重大意义。

民法典就是将民事立法规范化、体系化、科学化、法典化。通过编纂民法典，将所有的民法规范统合在一起，进行体系化、科学化、系统化的编纂，使之成为具有稳定性、确定性、全面性的法典，全面规范社会的民事生活，实现民事生活的规范化。

二、内容

《民法典》采取七编制体例，即由总则、物权、合同、人格权、婚姻家庭、继承、侵权责任七编构成。其中第一编总则分为十章，分别是"基本规定""自然人""法人""非法人组织""民事权利""民事法律行为""代理""民事责任""诉讼时效""期间计算"。"总则"作为《民法典》的奠基部分，主要包括普遍适用于民商法各个部分的基本规则，它统领整个民商立法，因而构成《民法典》中最基础、最通用，同时也是最抽象的部分。《民法典》总则编所广泛确认的人格权、物权、债权、知识产权、亲属权、继承权等权利，为各分编的制定提供了线索，决定着《民法典》的体系安排。

值得特别注意的是合同编中第十九章运输合同和第二十二章仓储合同。

1. 运输合同

（1）运输合同概述

运输合同，又称运送合同，是指承运人将旅客或者货物从起运地点运输到约定地点，旅客、托运人或者收货人支付票款或者运输费用的合同。

运输合同具有以下特征。

1）运输合同一般为双务和有偿合同。在运输合同中，承运人负有将旅客或货物运送到约定地点的义务，旅客或托运人负有按照规定支付票款或运费的义务，这两种义务互为等价关系，所以运输合同一般属于有偿合同。

2）运输合同多为格式合同，即多为承运人提供的为重复使用而预先拟定的格式条款，在订立合同时旅客或托运人只有同意或不同意的权利。客票、货运单、提单等均为依照专门法规统一印制，运输一般也是执行统一的规定。当然，运输合同一般为格式合同，并不排除有的运输合同不采用格式合同的形式，而是由双方协商订立的。

其中，需要特别注意的是多式联运合同。

多式联运合同是指多式联运经营人与托运人签订的，约定以两种或两种以上不同运输方式，采取同一运输凭证将货物运输至约定地点的合同。多式联运与单式联运或者普通运输相比，在风险和责任分配机制上有诸多不同。因此，《民法典》就多式联运合同进行了特别规定，主要涉及多式联运经营人的权利、义务及责任，同时对多式联运经营人与各实际运输人之间的责任承担进行了规范。多式联运是实行"一次托运、一次收费、一票到底、一次保险、全程负责"的"一条龙"服务的综合性运输，而多式联运合同是该交易形式的法律体现。

多式联运合同中应注意：多式联运的托运人在办理多式联运手续、交付货物、交付运费的同时，还应填写相关联运单据。多式联运单据是确认当事人权利、义务的重要依据，也是确定当事人联运合同关系的凭证，对多式联运的全程运输具有指示作用。

《民法典》第八百三十八条规定："多式联运经营人负责履行或者组织履行多式联运合同，对全程运输享有承运人的权利，承担承运人的义务。"

（2）运输合同基本原则

一般情况下，合同的订立遵循自由意志原则。我国《民法典》第四百九十四条规定："依照法律、行政法规的规定负有发出要约义务的当事人，应当及时发出合理的要约。依照法律、行政法规的规定负有作出承诺义务的当事人，不得拒绝对方合理的订立合同要求"。与之相对应的，《民法典》第八百一十条规定："从事公共运输的承运人不得拒绝旅客、托运人通常、合理的运输要求。"这表明《民法典》限制了承运人自由承诺或不承诺的选择权利,为从事公共运输的承运人设定了强制性承诺义务,禁止其单方面基于自己的意愿选择缔约对象,以确保社会公众可以平等地享受公共服务。强制缔约义务在例外情况下亦可被排除,譬如,托运人有确切证据证明如履行缔约义务可能对公共安全、公共利益等造成实际危害的,则可对特定对象拒绝履行缔约义务。

（3）运输合同适用范围

运输合同的效力指在运输合同关系中,基于当事人的权利和义务所产生的拘束力。《民法典》为承运人与旅客、托运人设定了一系列权利与义务。承运人的义务包括两项:1）承运人在约定期限或者合理期限内将旅客、货物安全运输到约定地点；2）承运人应当按照约定的或者通常的运输路线将旅客、货物运输到约定地点。旅客、托运人或者收货人的义务则是按照约定支付票款或者运费。

2. 仓储合同

（1）仓储合同概念

仓储合同,是指当事人双方约定由保管人（又称仓库营业人）为存货人保管储存的货物,存货人为此支付报酬的合同。仓储合同是由一般保管合同发展、演变而来的,属于保管合同的特殊类型,故又称"仓储保管合同"。仓储合同与保管合同具有特殊与一般的关系,因此,法律对仓储合同有特别规定的,适用该特别规定；如没有特别规定的,则可适用保管合同的有关规定。

（2）仓储合同的基本原则

不同于一般保管合同,仓储合同是诺成合同,合同自双方当事人意思表示一致时而非仓储物交付时或履行特定行为时成立。这主要是基于仓储合同的商事属性。仓储合同当事人是商主体,通常是存货人就大宗物品与专门从事仓储营业的保管人订立协议。其中保管人的义务包括:1）出具仓单、入库单等凭证；2）接收、验收义务；3）通知义务；4）妥善保管义务；5）容忍义务。存货人的义务包括:说明义务和提取仓储物的义务。

（3）仓储合同的适用范围

仓储合同由一般的保管合同发展、演变而来,故在法律对仓储合同有特别规定时,应适用法律的特别规定,在法律对其未设特别规定时,应适用法律关于一般保管合同的规定。例如,关于仓储合同保管人留置权的规定可以参照适用《民法典》第九百零三条规定的保管合同留置权规则:"寄存人未按照约定支付保管费或者其他费用的,保管人对保管物享有留置权,但是当事人另有约定的除外。"

学习单元 2 《民法典》基本原则和适用范围

一、基本原则

在《民法典》"第一编　总则"中对基本原则有明确阐述。

1. 私权神圣原则

第三条规定:"民事主体的人身权利、财产权利以及其他合法权益受法律保护,任何组织或者个人不得侵犯。"

2. 平等原则

第四条规定:"民事主体在民事活动中的法律地位一律平等。"

3. 意思自治原则

第五条规定:"民事主体从事民事活动,应当遵循自愿原则,按照自己的意思设立、变更、终止民事法律关系。"

4. 公平原则

第六条规定:"民事主体从事民事活动,应当遵循公平原则,合理确定各方的权利和义务。"

5. 诚信原则

第七条规定:"民事主体从事民事活动,应当遵循诚信原则,秉持诚实,恪守承诺。"

6. 公序良俗原则

第八条规定:"民事主体从事民事活动,不得违反法律,不得违背公序良俗。"

7. 绿色原则

第九条规定:"民事主体从事民事活动,应当有利于节约资源、保护生态环境。"

二、适用范围

民法的适用范围,是指民事法律法规在何时、何地、对何人发生法律效力。民法的适用范围,也是民法的效力范围。正确了解民事法律规范的适用范围,是准确适用民事法律规范的重要条件。从内容上看,民法的适用范围包括时间上的适用范围、空间上的适用范围和对人的适用范围。

复习思考题

1. 简述运输合同的特点。
2. 简述公共运输承运人的强制缔约义务。
3. 简述仓储合同的性质与特征。
4. 简述仓单的概念与法律性质。
5. 简述仓储合同中保管人的主要义务。

培训课程 2 《中华人民共和国劳动法》相关知识

学习单元 1 《中华人民共和国劳动法》概述

一、概念

《中华人民共和国劳动法》（以下简称《劳动法》）指由最高国家权力机关制定和颁布的关于调整劳动关系及与之密切联系的其他社会关系的全国性、综合性的法典。

二、特征

1. 私法与公法相兼容：突破私法理念束缚，与部门法相结合。
2. 自愿约定和强制标准相结合：劳动者与用人单位的约定受到限制。
3. 实体法与程序法相统一：法规中的权利义务依赖程序性规定。
4. 劳动保护法和劳动管理法的统一：兼具保护和管理的作用。

三、原则

1. 劳动权平等原则：各类劳动者平等地受到保护。
2. 保护劳动利益原则：倾斜保护劳动者利益。
3. 劳动关系协调原则：协商解决国家、企业、职工三方的劳动关系问题。
4. 劳动自由原则：劳动者按照自己的意愿自由选择职业。

四、适用范围

1. 在中华人民共和国境内的企业、个体经济组织（以下统称用人单位）和与之形成劳动关系的劳动者。
2. 国家机关、事业组织、社会团体的工勤人员。

3. 实行企业化管理的事业组织的非工勤人员。

4. 其他通过劳动合同（包括聘用合同）与国家机关、事业组织、社会团体建立劳动合同关系的劳动者。

五、劳动者的概念

劳动者指具有劳动权利能力和劳动行为能力，依法参与劳动法律关系以及在用人单位管理下获取工资的公民。在不同情形下，劳动者有不同的分类标准，根据劳动类型和工作岗位可分为职员和工人，根据用工性质可分为正式工和临时工，根据劳动关系的确定方式可分为固定制工和劳动合同制工，根据户籍身份和劳动合同的关系可分为城镇合同制工和农民合同制工，根据用工形式可分为正式工和派遣工，根据工作时间和付酬方式可分为全日制工和非全日制工。

六、用人单位的范围

1. 企业包括各种所有制性质、各种组织形式的企业。
2. 个体经济组织仅限于个体工商户。
3. 国家机关既包括国家立法机关、行政机关、监察机关、审判机关、检察机关，以及军队、警察、监狱等。
4. 事业组织包括文化、教育、卫生等各种非营利性单位。
5. 社会团体包括各行各业的协会、学会、研究会、基金会等民间组织。
6. 民办非企业单位。

学习单元2 《劳动法》对劳动者和用人单位的保护与约束

一、对劳动者的保护与约束

《劳动法》对促进就业、劳动合同和集体合同、工作时间和休息休假、工资、劳动安全卫生、女职工和未成年工特殊保护、职业培训、社会保险和福利、劳动争议与法律责任等问题进行了明确规定。"保护劳动者的合法权益"是该法的立法宗旨，本学习单元将介绍与劳动者（供应链管理师）密切相关的规定，以帮助其了解如何保障自身权益和履行义务。

《劳动法》第一章"总则"规定：劳动者享有平等就业和选择职业的权利、取得劳动报酬的权利、休息休假的权利、获得劳动安全卫生保护的权利、接受职业技能培训的权利、享受社会保险和福利的权利、提请劳动争议处理的权利以及法律规定的其他劳动权利。

第二章"促进就业"规定：劳动者就业，不因民族、种族、性别、宗教信仰不同而受歧视。

第三章"劳动合同和集体合同"规定（详见下一学习单元）：建立劳动关系应当订立劳动合同；合同期限可分为有固定期限、无固定期限和以完成一定的工作为期限；劳动合同期满或者当事人约定的劳动合同终止条件出现，劳动合同即行终止；劳动者与企业可以就劳动报酬、工作时间、休息休假、劳动安全卫生、保险福利等事项，签订集体合同。

第二十九条规定：劳动者有下列情形之一的，用人单位不得依据本法第二十六条、第二十七条的规定解除劳动合同。

1. 患职业病或者因工负伤并被确认丧失或者部分丧失劳动能力的。
2. 患病或者负伤，在规定的医疗期内的。
3. 女职工在孕期、产期、哺乳期内的。
4. 法律、行政法规规定的其他情形。

第四章"工作时间和休息休假"规定：劳动者每日工作时间不超过八小时、平均每周工作时间不超过四十四小时；连续工作一年以上的，享受带薪年休假。

第五章"工资"规定：工资分配应当遵循按劳分配原则，实行同工同酬；用人单位不得克扣或者无故拖欠劳动者的工资；在法定休假日和婚丧假期间以及依法参加社会活动期间，用人单位应当依法支付工资。

第六章"劳动安全卫生"规定：劳动者对用人单位管理人员违章指挥、强令冒险作业，有权拒绝执行；对危害生命安全和身体健康的行为，有权提出批评、检举和控告。

第七章"女职工和未成年工特殊保护"规定：年满十六周岁未满十八周岁的未成年工受特殊保护；女职工生育享受不少于九十天的产假。

第八章"职业培训"规定：国家确定职业分类，对规定的职业制定职业技能标准，实行职业资格证书制度，由经备案的考核鉴定机构负责对劳动者实施职业技能考核鉴定。

第九章"社会保险和福利"规定：用人单位和劳动者必须依法参加社会保险，缴纳社会保险费。

第十章"劳动争议"规定：劳动争议可通过依法申请调解、仲裁、提起诉讼，也可以协商解决；劳动争议发生后，当事人可向本单位劳动争议调解委员会申请调解；调解不成，当事人一方可在六十日内向劳动争议仲裁委员会书面申请仲裁。此外，也可直接申请仲裁。对仲裁裁决不服的，自收到仲裁裁决书之日起十五日内可向人民法院提起诉讼。

第十一章"监督检查"规定：任何组织和个人对于违反劳动法律、法规的行为有权检举和控告。

第十二章"法律责任"规定，用人单位有下列侵害劳动者合法权益情形之一的，由劳动行政部门责令支付劳动者的工资报酬、经济补偿，并可以责令支付赔偿金：克扣或者无故拖欠工资的；拒不支付劳动者延长工作时间工资报酬的；低于当地最低工资标准的以及解除劳动合同后未依照本法规定给予劳动者经济补偿的。

二、对用人单位的保护与约束

《劳动法》要求用人单位应当依法建立和完善规章制度，此处抽取与用人单位有关的规定。

第一章"总则"规定：用人单位应当依法建立和完善规章制度，保障劳动者享有劳动权利和履行劳动义务。

第二章"促进就业"规定：除国家规定的不适合妇女的工种或者岗位外，用人单位不得以性别为由拒绝录用妇女或者提高对妇女的录用标准；且禁止招用未满十六周岁的未成年人。

第三章"劳动合同和集体合同"规定：劳动合同可约定最长不超过六个月的试用期；如果用人单位违反法律、法规或者劳动合同，工会有权要求重新处理；集体合同签订后应当报送劳动行政部门；劳动行政部门自收到集体合同文本之日起十五日内未提出异议的，集体合同即行生效。

第四章"工作时间和休息休假"规定：用人单位应当保证劳动者每周至少休息一日，法定节假日期间应当依法安排休假；安排劳动者延长工作时间的，应分工作日、休息日（不安排补休）和法定休假日三种情况支付工资报酬。

第五章"工资"规定：用人单位支付劳动者的工资不得低于当地最低工资标准。

第六章"劳动安全卫生"规定：用人单位必须为劳动者提供符合国家规定的劳动安全卫生条件和必要的劳动防护用品，对从事有职业危害作业的劳动者应当定期进行健康检查。

第七章"女职工和未成年工特殊保护"规定：禁止安排女职工从事矿山井下、国家规定的第四级体力劳动强度的劳动和其他禁忌从事的劳动，以及在经期从事高处、低温、冷水作业和国家规定的第三级体力劳动强度的劳动；不得安排未成年工从事矿山井下、有毒有害、国家规定的第四级体力劳动强度的劳动和其他禁忌从事的劳动。

第八章"职业培训"规定：用人单位应当建立职业培训制度，有计划地对劳动者进行职业培训；从事技术工种的劳动者，上岗前必须经过培训。

第九章"社会保险和福利"规定：用人单位必须依法参加社会保险，缴纳社会保险费；国家鼓励用人单位根据本单位实际情况为劳动者建立补充保险。

第十章"劳动争议"规定：在用人单位内，可以设立劳动争议调解委员会。

第十一章"监督检查"规定：县级以上各级人民政府劳动行政部门依法对用人单位遵守劳动法律、法规的情况进行监督检查，对违反劳动法律、法规的行为有权制止，并责令改正。

第十二章"法律责任"规定：用人单位违反本法规定条件解除劳动合同或者故意拖延不订立劳动合同的、侵害劳动者合法权益的以及非法招用未满十六周岁未成年人的，应当依法承担赔偿和法律责任。

复习思考题

1. 简述我国《劳动法》的特征与原则。
2. 简述我国《劳动法》的适用范围。
3. 我国《劳动法》保护劳动者的哪些权利？

培训课程 3 《中华人民共和国劳动合同法》相关知识

学习单元1 《中华人民共和国劳动合同法》概述

一、概念

《中华人民共和国劳动合同法》(简称《劳动合同法》)是由最高国家权力机关制定和颁布的劳动者和用人单位之间关于确立、变更和终止劳动权利和义务的全国性、综合性的法典。

二、特征

1. 主体具有特定性。
2. 内容具有劳动权利和义务的统一性和对应性。
3. 客体具有单一性。
4. 具有诺成、有偿、双务合同的特征。
5. 常涉及第三人的物质利益关系。

三、适用范围

1. 与中华人民共和国境内的企业、个体经济组织、民办非企业单位等组织建立劳动关系的劳动者。
2. 国家机关、事业组织、社会团体和与其建立劳动关系的劳动者。

学习单元2 《劳动合同法》对劳动者和用人单位的保护与约束

一、对劳动者的保护与约束

《劳动合同法》对劳动合同的订立、履行和变更、解除和终止、特别规定、监督检查、法律责任等问题作了明确的规定。本单元特抽取与劳动者密切相关的规定，以帮助其了解如何保障自身权益。

第一章"总则"规定：为了完善劳动合同制度，明确劳动合同双方当事人的权利和义务，保护劳动者的合法权益，构建和发展和谐稳定的劳动关系，制定本法。

第二章"劳动合同的订立"规定：劳动合同应具备的条款包括用人单位的名称、住所和法定代表人或者主要负责人；劳动者的姓名、住址和居民身份证或者其他有效身份证件号码；劳动合同期限；工作内容和工作地点；工作时间和休息休假；劳动报酬；社会保险；劳动保护、劳动条件和职业危害防护；法律、法规规定应当纳入劳动合同的其他事项。

第三章"劳动合同的履行和变更"规定：劳动者按照劳动合同的约定全面履行自己的义务；劳动者对危害生命安全和身体健康的劳动条件，有权对用人单位提出批评、检举和控告；用人单位与劳动者协商一致，采用书面方式变更劳动合同约定的内容，变更后的劳动合同文本由双方各执一份。

第四章"劳动合同的解除和终止"规定：用人单位和劳动者协商一致，可以解除劳动合同。劳动者在试用期内提前三日通知用人单位的，在劳动合同期限内提前三十日以书面形式通知用人单位的，可以解除劳动合同。

其中有以下两条规定需要重点关注。

第三十八条 用人单位有下列情形之一的，劳动者可以解除劳动合同：

1. 未按照劳动合同约定提供劳动保护或者劳动条件的。
2. 未及时足额支付劳动报酬的。
3. 未依法为劳动者缴纳社会保险费的。
4. 用人单位的规章制度违反法律、法规的规定，损害劳动者权益的。
5. 因本法第二十六条第一款规定的情形致使劳动合同无效的。
6. 法律、行政法规规定劳动者可以解除劳动合同的其他情形。

用人单位以暴力、威胁或者非法限制人身自由的手段强迫劳动者劳动的，或者用人单位违章指挥、强令冒险作业危及劳动者人身安全的，劳动者可以立即解除劳动合同，不需事先告知用人单位。

第四十四条　有下列情形之一的，劳动合同终止。

1. 劳动合同期满的。
2. 劳动者开始依法享受基本养老保险待遇的。
3. 劳动者死亡，或者被人民法院宣告死亡或者宣告失踪的。
4. 用人单位被依法宣告破产的。
5. 用人单位被吊销营业执照、责令关闭、撤销或者用人单位决定提前解散的。
6. 法律、行政法规规定的其他情形。

第五章"特别规定"主要就集体合同、劳务派遣和非全日制用工展开。集体合同方面，企业职工一方与用人单位可以订立工资调整机制等专项集体合同；集体合同中劳动报酬和劳动条件等标准不得低于当地人民政府规定的最低标准。劳务派遣方面，被派遣劳动者享有与用工单位的劳动者同工同酬的权利，有权在劳务派遣单位或者用工单位依法参加或者组织工会，维护自身的合法权益。非全日制用工方面，非全日制用工双方当事人不得约定试用期；劳动者在同一用人单位一般平均每日工作时间不超过四小时，每周工作时间累计不超过二十四小时。

第六章"监督检查"规定：劳动者合法权益受到侵害的，有权要求有关部门依法处理，或者依法申请仲裁、提起诉讼。工会对用人单位履行劳动合同、集体合同的情况进行监督。任何组织或者个人对违反本法的行为都有权举报，县级以上人民政府劳动行政部门应当及时核实、处理，并对举报有功人员给予奖励。

第七章"法律责任"规定：用人单位提供的劳动合同未载明本法规定的劳动合同必备条款或用人单位未将劳动合同文本交付劳动者的，给劳动者造成损害的，应当承担赔偿责任；用人单位自用工之日起超过一个月不满一年未与劳动者订立书面劳动合同的，应当向劳动者每月支付二倍的工资；用人单位违反本法规定不与劳动者订立无固定期限劳动合同的，应当自订立无固定期限劳动合同之日起向劳动者每月支付二倍的工资。

二、对用人单位的保护与约束

《劳动合同法》要求用人单位与劳动者建立劳动关系，订立、履行、变更、解除或者终止劳动合同。此处特抽取与用人单位相关的规定，便于其了解自身义务和权利。

第一章"总则"规定：中华人民共和国境内的企业、个体经济组织、民办非企业单位等组织（以下称用人单位）与劳动者建立劳动关系，订立、履行、变更、解除或者终止劳动合同，适用本法。

第二章"劳动合同的订立"规定：用人单位招用劳动者，不得扣押劳动者的居民身份证和其他证件，不得要求劳动者提供担保或者以其他名义向劳动者收取财物；用人单位在试用期解除劳动合同的，应当向劳动者说明理由。

第三章"劳动合同的履行和变更"规定：用人单位应当按照劳动合同约定和国家规定，向劳动者及时足额支付劳动报酬；用人单位与劳动者协商一致，应当采用书面方式变更劳动合同约定的内容，变更后的劳动合同文本由双方各执一份。

第四章"劳动合同的解除和终止"规定：用人单位应当在解除或者终止劳动合同时出具解除或者终止劳动合同的证明，并在十五日内为劳动者办理档案和社会保险关系转移手续；用人单位裁减人员时，应当优先留用与本单位订立较长期限的固定期限劳动合同的、与本单位订立无固定期限劳动合同的、家庭无其他就业人员以及有需要扶养的老人或者未成年人的劳动者。

第五章"特别规定"主要就集体合同、劳务派遣和非全日制用工展开：集体合同方面，用人单位与劳动者订立的劳动合同中劳动报酬和劳动条件等标准不得低于集体合同规定的标准。劳务派遣方面，用人单位不得设立劳务派遣单位向本单位或者所属单位派遣劳动者；劳务派遣单位不得克扣用工单位按照劳务派遣协议支付给被派遣劳动者的劳动报酬；劳务派遣单位和用工单位不得向被派遣劳动者收取费用。非全日制用工方面，非全日制用工小时计酬标准不得低于用人单位所在地人民政府规定的最低小时工资标准，且劳动报酬结算支付周期最长不得超过十五日。

第六章"监督检查"规定：县级以上地方人民政府劳动行政部门实施监督检查时，有权查阅与劳动合同、集体合同有关的材料，有权对劳动场所进行实地检查；县级以上人民政府建设、卫生、安全生产监督管理等有关主管部门在各自职责范围内，对用人单位执行劳动合同制度的情况进行监督管理。

第七章"法律责任"规定：用人单位违反本法规定与劳动者约定试用期的，或者未向劳动者出具解除或者终止劳动合同的书面证明的，由劳动行政部门责令改正，给劳动者造成损害的，应当承担赔偿责任。

复习思考题

1. 简述我国《劳动合同法》的特征与原则。
2. 简述我国《劳动合同法》的适用范围。
3. 在与用人单位订立劳动合同时，劳动者应该注意哪些问题？

培训课程 4 《中华人民共和国招标投标法》相关知识

一、内容概述

1. 框架

《中华人民共和国招标投标法》（以下简称《招标投标法》）包含六章，共计六十八条。

2. 立法目的

《招标投标法》立法的直接目的是规范招标投标活动，保护国家利益、社会公共利益和招标投标当事人的合法权益，提高经济效益，保证项目质量。

3. 依法必须招标的项目范围

（1）招投标法的空间效力

在中华人民共和国境内进行招标投标活动，适用本法。

（2）招投标法的适用对象

在中华人民共和国境内进行下列工程建设项目，包括项目的勘察、设计、施工、监理以及与工程建设有关的重要设备、材料等的采购，必须进行招标：1）大型基础设施、公用事业等关系社会公共利益、公众安全的项目；2）全部或者部分使用国有资金投资或者国家融资的项目；3）使用国际组织或者外国政府贷款、援助资金的项目。前款所列项目的具体范围和规模标准，由国务院发展计划部门会同国务院有关部门制订，报国务院批准。法律或者国务院对必须进行招标的其他项目范围另有规定的，依照其规定。

二、招标、投标

1. 招标

（1）招标人有权自行选择招标代理机构，委托其办理招标事宜。任何单位和个人不得以任何方式为招标人指定招标代理机构。

（2）招标人采用公开招标方式的，应当发布招标公告。

（3）招标文件不得要求或者标明特定的生产供应者以及含有倾向或者排斥潜在投标人的其他内容。

（4）招标人不得向他人透露已获取招标文件的潜在投标人的名称、数量以及可能影响公平竞争的有关招标投标的其他情况。

2. 投标

（1）两个以上的法人或者其他组织可以组成一个联合体，以一个投标人的身份共同投标。

（2）投标人不得相互串通投标报价，不得排挤其他投标人的公平竞争。

（3）投标人不得以低于成本的报价竞标，也不得以他人名义投标或者以其他方式弄虚作假，骗取中标。

三、开标、评标、中标

1. 开标

（1）开标应当在招标文件确定的提交投标文件截止时间的同一时间公开进行；开标地点应当是招标文件中预先确定的地点。

（2）开标由招标人主持，邀请所有投标人参加。

（3）招标人在招标文件要求提交投标文件的截止时间前收到的所有投标文件，开标时都应当当众予以拆封、宣读。开标过程应当记录，并存档备查。

2. 评标

（1）评标委员会成员的名单在中标结果确定前应当保密。

（2）招标人应当采取必要的措施，保证评标在严格保密的情况下进行；任何单位和个人不得非法干预、影响评标过程和结果。

（3）评标委员会经评审，认为所有投标都不符合招标文件要求的，可以否决所有投标，这种情况下，应当依照本法重新招标。

（4）在确定中标人前，招标人不得与投标人就投标价格、投标方案等实质性内容进行谈判。

3. 中标

（1）中标人确定后，招标人应当向中标人发出中标通知书，并同时将中标结果通知所有未中标的投标人。

（2）招标人和中标人不得再行订立背离合同实质性内容的其他协议。

四、法律责任

违反《招标投标法》规定的，将根据具体情节承担民事责任、行政责任和刑事责任。

1. 违反《招标投标法》可能承担民事责任的情节

中标人不履行与招标人订立的合同的，履约保证金不予退还，给招标人造成的损失超过履约保证金的，还应对超过的部分予以赔偿；没有提交履约保证金的，应当对招标人的损失承担赔偿责任。

2. 违反《招标投标法》可能承担行政责任的情节

责令改正、罚款、没收违法所得、取消若干年内参加依法必须进行招标的项目的投标资格并予以公告、责令停业整顿和吊销营业执照。

3. 违反《招标投标法》构成犯罪的，将被追究刑事责任的情节

（1）招标代理机构泄密或者与招标人、投标人串通损害国家利益、社会公共利益或者他人合法权益的。

（2）依法必须进行招标的项目的招标人向他人透露已获取招标文件的潜在投标人的名称、数量等情况或者泄露标底的。

（3）投标人相互串通投标或投标人与招标人串通投标的。

（4）投标人向招标人或者评标委员会成员行贿的。

（5）投标人以他人名义投标或者以其他方式弄虚作假，骗取中标的。

（6）评标委员会成员受贿或者泄密的。

（7）对招标投标活动依法负有行政监督职责的国家机关工作人员徇私舞弊、滥用职权或者玩忽职守的。

复习思考题

1. 简述《招标投标法》的立法目的。
2. 简述《招标投标法》的适用对象。
3. 试列举违反《招标投标法》规定可能承担的法律责任。

培训课程 5

环境保护法和相关国家标准

学习单元 1　环境保护法相关知识

一、环境保护法内容概述

1. 环境保护法概念

环境保护法是由国家制定或者认可，并由国家强制力保证实施的，在环境资源的开发、利用、保护、改善及其管理等过程中，通过防止自然环境破坏，防止环境污染，保护环境与资源，维护生态平衡，促进人与自然和谐发展的，调整环境社会关系的法律规范的总称。

2. 环境保护法立法目的

环境保护法立法的终极目的首先是保护人民的健康，其次是促进经济社会持续发展。《中华人民共和国环境保护法》（以下简称《环境保护法》）制定的目的是"保护和改善环境，防治污染和其他公害，保障公众健康，推进生态文明建设，促进经济社会可持续发展。"

二、环境保护法体系

1.《中华人民共和国宪法》关于环境保护的规定

《中华人民共和国宪法》关于环境保护的规定是环境保护法的基础，值得关注的是规定关于自然资源与环境要素的保护。

2. 作为我国环境保护基本法的《环境保护法》

除了前述的立法目的，值得关注的是《环境保护法》还规定了环境监督管理体制以及政府、单位和个人保护环境的义务以及环境保护的领域和责任。

3. 环境保护单行法律、法规和各部委规章

（1）有关污染防治的法律、法规和规章

污染防治法主要包括《中华人民共和国大气污染防治法》《中华人民共和国水污染防治法》《中华人民共和国固体废物污染环境防治法》《中华人民共和国噪声污染防治法》《中华人民共和国放射性污染防治法》《中华人民共和国土壤污染防治法》和其他污染防治法。

（2）有关自然资源保护的法律、法规和规章

自然资源保护法主要包括《中华人民共和国海洋环境保护法》《中华人民共和国森林法》《中华人民共和国草原法》《中华人民共和国渔业法》《中华人民共和国野生动物保护法》《中华人民共和国野生植物保护条例》《中华人民共和国土地管理法》《中华人民共和国水土保持法》。

（3）有关特殊区域环境保护、矿产资源与能源、自然灾害防治的法律、法规和规章

特殊区域环境保护法律、法规和规章主要包括地方性自然保护区条例、风景名胜区条例、森林公园条例、人文遗迹保护条例，以及关于城市景观、绿地与城市规划的法律法规等。

矿产资源与能源法律、法规和规章主要包括《中华人民共和国矿产资源法》《中华人民共和国节约能源法》《中华人民共和国清洁生产促进法》《中华人民共和国可再生能源法》《中华人民共和国循环经济促进法》《废弃电器电子产品回收处理管理条例》等。

自然灾害防治法主要包括《中华人民共和国防洪法》《中华人民共和国防震减灾法》和《中华人民共和国防沙治沙法》等。

（4）环境标准中的环境法规范

环境标准是具有法律性质的技术规范，主要是通过一些技术指标，控制污染，维持一定的环境质量，保护人体健康和生态平衡。目前，我国已经形成国家和地方两级的环境标准体系，包括环境质量标准、污染物排放标准、环境基础标准、环境方法标准、环境标准样品标准五个方面。

学习单元 2　环境保护相关国家标准

一、绿色采购控制标准

1. 标准体系

绿色采购是绿色供应链中的重要一环,即在尽量控制成本和满足采购者对产品和服务要求的基础上,使采购活动对环境的负面影响最小。

（1）绿色原辅料采购相关标准:如原材料、辅料、半成品的质量标准、验收标准等。

（2）绿色供应商选择相关标准:如绿色供应商的选择评定标准、绿色供应商绩效评价标准等。

（3）绿色采购管理相关标准:如采购流程控制、绿色采购信息管理等。

2. 相关法律、政策

1989年颁布的《中华人民共和国环境保护法》,提出国家鼓励减少污染物排放的一系列政策举措。

1995年颁布的《中华人民共和国固体废物污染环境防治法》,提出国家鼓励单位和个人购买、使用再生产品和可重复利用产品。

1997年颁布的《中华人民共和国节约能源法》,提出公共机构等应当优先采购列入节能产品、设备政府采购名录中的产品、设备,禁止采购国家明令淘汰的用能产品、设备。

2002年颁布的《中华人民共和国清洁生产促进法》,提出各级人民政府应当优先采购节能、节水、废物再生利用等有利于环境与资源保护的产品。

2008年颁布的《中华人民共和国循环经济促进法》,提出国家实行有利于循环经济发展的政府采购政策。

2014年印发的《企业绿色采购指南（试行）》,提出国家鼓励企业建立绿色供应链管理体系,打造绿色供应链。

2023年,《关于印发〈绿色数据中心政府采购需求标准（试行）〉的通知》中提出:采购人采购数据中心相关设备、运维服务,应当有利于节约能源、环境保护和资源循环利用,按照《绿色数据中心政府采购需求标准（试行）》实施相关采购活动。

二、绿色物流规范标准

1. 标准体系

绿色物流是指利用先进物流技术规划和实施物流活动，以降低对环境的污染，减少资源消耗。

（1）绿色包装相关标准：如绿色包装材料、包装工艺、过程控制、标志等相关标准。

（2）绿色运输相关标准：如运输工具、运输防护、装卸搬运、货物组配、运输路线规划及车辆调配、运输过程环境监控等相关标准。

（3）绿色仓储相关标准：如仓库环境影响评价、仓库规划及建设、仓储设施设备、仓储技术等相关标准。

（4）绿色配送相关标准：如配送管理、服务规范、货物追溯等相关标准。

2. 相关法律、政策

2009年印发的《物流业调整和振兴规划》提出："鼓励和支持物流业节能减排，发展绿色物流。"

2012年印发的《节能减排"十二五"规划》提出：建立物流公共信息平台；实施城乡道路客运一体化试点；推广节能驾驶和绿色维修。

2012年印发的《"十二五"循环经济发展规划》提出构建循环型服务业体系，推进社会层面循环经济发展，推行绿色建筑和绿色交通行动。

2012年印发的《公路水路交通运输环境保护"十二五"发展规划》提出：交通运输行业既要通过节约能源、利用清洁能源等手段实现直接减排，又要进一步优化运输组织、建设智能交通、发展现代物流，提高运输效率，间接降低能源消耗，减少碳排放。文件还提出：深入开展交通运输行业重点企业节能减排示范活动，充分调动各类交通运输企业的积极性。

2013年印发的《加快推进绿色循环低碳交通运输发展指导意见》提出：加快发展绿色货运和现代物流。

2014年印发的《物流业发展中长期规划（2014—2020年）》提出：大力发展绿色物流，鼓励采用低能耗、低排放运输工具和节能型绿色仓储设施，推广集装单元化技术；借鉴国际先进经验，完善能耗和排放监测、检测认证制度，加快建立绿色物流评估标准和认证体系。

2014年印发的《关于大力发展绿色流通的指导意见》提出发展绿色物流。

2014年印发的《关于促进商贸物流发展的实施意见》明确提出鼓励绿色物流发展。

2016年印发的《交通运输节能环保"十三五"发展规划》，提出：加强科技创新，培育绿色文化，强化合作机制，全力保障绿色交通运输体系建设。

2016年印发的《全国电子商务物流发展专项规划（2016—2020年）》提出：建设支撑电子商务发展的物流网络体系，提高电子商务物流标准化水平，提高电子商务物流信息化水平，推动电子商务物流企业集约绿色发展。

2017年印发的《快递业发展"十三五"规划》，明确表示要推进快递服务体系向安全高效、绿色节能的方向发展。

2018年印发的《关于推进电子商务与快递物流协同发展的意见》，鼓励电子商务企业与快递物流企业开展供应链绿色流程再造，提高资源复用率，降低企业成本。

2018年公布的《快递暂行条例》提出对快递业务的包装材料要求。

2018年颁布的《中华人民共和国电子商务法》提出：快递物流服务提供者应当按照规定使用环保包装材料，实现包装材料的减量化和再利用。

2019年印发的《关于推动物流高质量发展促进形成强大国内市场的意见》提出：以绿色物流为突破口，带动上下游企业发展绿色供应链，使用绿色包材，推广循环包装。

三、逆向物流服务标准

1. 标准体系

建立完善的回收再利用及处置标准体系是实现绿色供应链闭环运行的重要基础。

（1）回收再利用及处置管理相关标准：如逆向物流、回收再利用及处置过程环境管理、有毒有害物质及最终废弃物处置、可再生利用标志、回收利用评价等相关标准。

（2）回收再利用及处置技术相关标准：如回收再利用及处置工艺、技术、方法、设备、检测方法与检测技术等相关标准。

（3）回收再利用及处置作业相关标准：如回收再利用及处置的程序、操作规程、作业方式等相关标准。

2. 相关法律、政策

2007年公布的《电子废物污染环境防治管理办法》提出电子产品的回收要求。

2008年颁布的《中华人民共和国循环经济促进法》提出一系列针对企业产品与包装物回收的要求。

2009年公布的《废弃电器电子产品回收处理管理条例》提出：国家对废弃电器电子产品实行多渠道回收和集中处理制度，并公布了《废弃电器电子产品回收处理目录》。

2015年印发的《再生资源回收体系建设中长期规划（2015—2020年）》提出：分类建立回收体系、完善回收节点功能、培育龙头回收企业等重点任务。

2016年修正的《中华人民共和国固体废物污染环境防治法》提出：国家采取有利

于固体废物综合利用活动的经济、技术政策和措施，对固体废物实行充分回收和合理利用。

2019年颁布的《报废机动车回收管理办法》提出：报废汽车回收企业拆解报废汽车，应当遵守环境保护法律、法规和强制性标准，采取有效措施保护环境，不得造成环境污染。

2006年公布、2019年修订的《再生资源回收管理办法》提出：再生资源利用与回收过程中生产企业的责任与义务。

复习思考题

1. 简述我国环境保护法体系构成。
2. 如何理解绿色采购？
3. 简述绿色物流的标准体系。
4. 如何看待我国对逆向物流的政策举措？

培训课程 6 国际贸易法律、法规相关知识

学习单元 1　国际贸易法内容概述

一、国际贸易法的概念

国际贸易法是调整跨越国境贸易活动的法律制度和法律规范的总称，主要包括调整平等主体间商业交易活动的私法规范和国家对贸易活动进行管理的公法规范。国际贸易法的渊源主要表现为国际公约、国际惯例和国家或国家集团的立法、规章。

二、国际贸易法的内容

国际贸易法的范围广泛，涉及国际法规范和国内法规范，同时涵盖私法和公法。国际贸易法的内容主要由以下五部分构成。

1. 国际货物贸易法律制度

国际货物贸易法也被称为国际货物买卖法，是规范国际贸易中买卖双方货物交易行为的法律。它包括国际货物买卖法律制度以及与之相关的运输、保险和支付法律制度等。由于其在国际贸易法中的核心地位，国际货物贸易法尤为重要。

2. 国际服务贸易法律制度

国际服务贸易是随着国际货物贸易的发展而兴起的，由于服务本身的特点，如无形性、同步性、不可储存性等，国际服务贸易呈现出与国际货物贸易不同的特点，因此需要专门的法律规则进行调整。

目前，各国主要依靠国内法对国际服务贸易进行规制。各国在服务贸易发展水平、政策和利益方面存在较大差异，世界贸易组织制定的《服务贸易总协定》(General Agreement on Trade in Services) 及其附件也为国际服务贸易提供了重要的国际规范。

3. 国际知识产权贸易法律制度

国际知识产权贸易法律制度主要涉及对知识产权的国际保护和知识产权交易行为的法律调整。相关的国际公约如《保护工业产权巴黎公约》《专利合作条约》《商标国际注册马德里协定》《世界版权公约》《与贸易有关的知识产权协议》等在一定程度上协调了各国对知识产权的国内立法，为国际技术贸易活动提供了良好的法律环境。世界贸易组织制定的《与贸易有关的知识产权协议》是当前国际知识产权贸易最重要的法律文件。

4. 政府贸易管制法律制度

政府贸易管制法律制度是国家对外贸易的国家管理制度，旨在从国家的宏观经济利益、国内外政策需求和国际条约义务等角度出发，为有效管理国际贸易而制定的各种制度和政策措施。政府贸易管制法律制度包括国内对外贸易管制法和国际贸易统一公约。前者主要涉及各国的贸易法、海关法、进出口商品检验法、反倾销法和反补贴法等法律法规；后者包括早期的《关税与贸易总协定》和现行的《货物贸易多边协定》，以及近年来不断发展的区域性国际贸易统一公约。

5. 贸易争端解决法律制度

贸易争端解决法律制度是解决国际贸易法主体间争议的法律。它包括国际民事诉讼法、国际商事仲裁法和世界贸易组织争端解决法等。

国际民事诉讼法是一国民事诉讼法的组成部分，国际商事仲裁法包括国内仲裁法和国际仲裁规则。这些制度和机制为解决私人间的国际贸易争议（包括国际货物买卖、货物运输及保险、支付等争议）提供了法律途径。而世界贸易组织《关于争端解决规则和程序的谅解》所确立的争端解决机制，则用于解决成员方政府间因实施《世界贸易组织协议》所发生的国际贸易争端。

三、国际贸易法的主体

国际贸易法的主体是指国际贸易法律关系的参与者，也是权利、义务的承担者，具体包括自然人、法人、国际组织、国家。

自然人是国际贸易活动的重要参与者。自然人参加国际贸易活动的前提是自然人具备相应的权利能力和行为能力，一般根据其所属国的法律来确定。

法人是国际贸易活动的主要参加者。法人是法律创设的人格化的法律实体，能够以其自己的名义、独立的资产进行贸易活动，享有权利，承担义务。

国家以两种身份作为国际贸易法的主体出现，一是国际贸易的当事人，二是国际贸易的管理者。当以平等主体身份出现、从事商业交易时，国家和其他自然人、法人一样，一般不享有国家财产豁免权。当以管理者身份出现时，国家与商事交易者之间的关系是管理与被管理的关系。

某些国际组织也参与国际贸易的交易或管理。除进行一般的国际交易外，国际组织多以管理者的身份出现，制定国际贸易规则，解决国际贸易纠纷，甚至还可以对某些国家、某些行为授权进行贸易制裁。离开了国际组织，国际贸易将会遇到很大困难。

学习单元 2　国际贸易法基本原则和国际贸易术语概述

一、国际贸易法基本原则

国际贸易法的基本原则是指贯穿于调整国际贸易关系的各类法律规范中的主要精神和指导思想，是这些法律规范的基础和核心。

由于国际贸易法既调整处于平等主体关系的私人当事人之间的贸易行为，包括建立在商业基础之上的国家之间的商业性质的贸易交往活动，这部分属于私法性质的内容；也调整国家管理国际贸易的活动，这部分属于公法性质的内容。因此在学理上，国际贸易法的基本原则可以分为国际贸易私法的基本原则和国际贸易公法的基本原则。

其中，国际贸易私法的基本原则包括五项：意思自治和契约自由原则、诚实信用原则、公平交易原则、强制性规则优先原则、公共秩序保留原则。

国际贸易公法的基本原则包括四项：贸易自由化原则、非歧视原则、透明度原则、公平合理地解决国际贸易纠纷原则。

二、国际贸易术语概述

1. 国际贸易术语的概念

国际贸易术语，是以不同的交货地点为标准，用简短的英文缩写字母表示商品的价格构成、买卖双方在交易中的费用、责任与风险的划分的国际贸易惯例。例如，出口运动短裤的报价为"短裤每打 50 美元 CIP 柏林"，如果选择的是《国际贸易术语解释通则 2010》，则贸易术语 CIP 表示了以下有关信息：（1）每打 50 美元的价格包含了运至柏林的运费及货运保险费；（2）由卖方自负风险和费用办理货物的运输、保险以及货物的出口手续；（3）卖方承担货物从交货地点到目的地的运输、保险及货物的出口手续的风险和费用;(4)买卖双方是凭单交货,凭单付款。

2. 国际贸易术语的属性

国际贸易术语作为国际贸易惯例的一种,具有经济和法律双重性质。从经济上看,它是国际货物买卖中确定合同标的物单位价格的计价条件,表明了标的物的价格构成。从法律上看,它表示买卖双方应承担的责任、风险和费用,也是确定货物所有权转移的依据。就法律属性而言,选择国际贸易术语是交易当事人意思一致的结果,因此,国际贸易术语可以理解为国际货物买卖中常用的标准合同条款。由于贸易术语对买卖双方的权利和义务作了详细规定,当事人一旦选择某一术语,其有关权利和义务关系随之确定,对当事人具有法律约束力。

此外,在司法实务中,当合同、法律和公约设有明确的规定时,权威性的国际贸易术语,如《国际贸易术语解释通则》的规定会被用在裁判说理中。

3.《国际贸易术语解释通则 2010》术语分类和内容

《国际贸易术语解释通则 2010》根据运输方式将十一种术语分成了两类。

第一类,适用于任何运输方式,包括多式运输的七种术语,分别是 EXW、FCA、CPT、CIP、DAT、DAP 和 DDP。其具体术语内容见表 4-1。

表 4-1　适用于任何运输方式的国际贸易术语

术语简称	意义
EXW(ex works)	工厂交货
FCA(free carrier)	货交承运人
CPT(carriage paid to)	运费付至目的地
CIP(carriage and insurance paid to)	运费、保险费付至目的地
DAT(delivered at terminal)	目的地或目的港的集散站交货
DAP(delivered at place)	目的地交货
DDP(delivered duty paid)	完税后交货

第二类,只适用于海运或内河运输的四种术语,分别是 FAS、FOB、CFR、CIF。需要注意,由于卖方交货点和货物运至买方的地点均是港口,所以这类术语的特征是仅适用于海运或内河运输。其具体术语内容见表 4-2。

表 4-2　适用于水运方式的国际贸易术语

术语简称	意义
FAS(free alongside ship)	装运港船边交货
FOB(free on board)	装运港船上交货

续表

术语简称	意义
CFR（cost and freight）	成本加运费
CIF（cost insurance and freight）	成本、保险费加运费

复习思考题

1. 简述国际贸易公法基本原则。
2. 试比较FOB、CIF和CFR贸易术语。
3. 在CIF贸易术语下，根据《国际贸易术语解释通则2010》的要求，卖方应投保什么样的险别？
4. 案例分析

【基本案情】

逾期承诺的效力

甲国A公司于2021年10月2日向乙国B公司以平信的方式发出一拟出售羊毛的要约，该要约载明有效期为10天，要约于10月5日到达B公司。B公司于10月7日将载明承诺的信件以快件方式发出，正常情况下两日应当送达，但该快件于10月13日才送达A公司。此时，因A公司已将该批羊毛出售，故未作任何答复。事后，双方就合同是否成立发生争议。甲国和乙国都是1980年《联合国国际货物销售合同公约》的缔约国。

1. A公司向B公司发出的要约的有效期截止到什么时候？
2. A公司与B公司之间的合同是否成立？

参考文献

[1] 王明哲. 员工职业道德与素质教育[M]. 北京：中国言实出版社，2010.

[2] 吕承龙. 职业道德决定卓越[M]. 北京：中国商业出版社，2014.

[3] 袁希平，胥留德. 职业道德与安全教程[M]. 北京：科学出版社，2014.

[4] 马士华，林勇. 供应链管理[M]. 6版. 北京：机械工业出版社，2020.

[5] 马士华. 供应链管理[M]. 3版. 北京：中国人民大学出版社，2017.

[6] 马潇宇，张玉利，叶琼伟. 数字化供应链理论与实践[M]. 北京：清华大学出版社，2023.

[7] 乔普拉. 供应链管理：英文版[M]. 7版. 北京：中国人民大学出版社，2021.

[8] Flynn B B, Huo B, Zhao X. The impact of supply chain integration on performance: a contingency and configuration approach[J]. Journal of Operations Management, 2010, 28(1): 58-71.

[9] Stock G N, Tatikonda M V. The joint influence of technology uncertainty and interorganizational interaction on external technology integration success[J]. Journal of Operations Management, 2008, 26(1): 65-80.

[10] Akın Ateş M, Suurmond R, Luzzini D, Krause D. Order from chaos: a meta-analysis of supply chain complexity and firm performance[J]. Journal of Supply Chain Management, 2021, 58(1): 3-30.

[11] Bozarth C C, Warsing D P, Flynn B B, Flynn E J. The impact of supply chain complexity on manufacturing plant performance[J]. Journal of Operations Management, 2009, 27(1): 78-93.

[12] 宋华. 数字供应链[M]. 北京：中国人民大学出版社，2022.

[13] 游博，龙勇. 模块化对新产品绩效的影响：基于模块化系统间联系及绩效影响机制的实证研究[J]. 研究与发展管理，2016，28(5): 91-99.

[14] Hsuan Mikkola J, Skjøtt-Larsen T. Supply-chain integration: implications for mass customization, modularization and postponement strategies[J]. Production Planning & Control, 2007, 15(4): 352-361.

[15] 刘常宝. 数字化供应链管理[M]. 北京：清华大学出版社，2023.

[16] 王向阳，齐莹，金慧琦. 组织兼容性、跨国并购知识转移与企业国际化[J]. 科学学研究，2020，38(10): 1828-1836.

[17] 宋晓晨，毛基业. 基于区块链的组织间信任构建过程研究：以数字供应链金融模式为例[J]. 中国工业经济，2022（11）：174-192.

[18] 马鸿佳，肖彬. 创业者调节焦点、组织间信任与新企业资源识取：有调节的中介效应[J]. 南方经济，2023（1）：119-134.

[19] Jüttner U, Peck H, Christopher M. Supply chain risk management: outlining an agenda for future research[J]. International journal of logistics: Research and Applications, 2003, 6（4）: 197-210.

[20] Mason-Jones R, Towill D R. Shrinking the supply chain uncertainty cycle[J]. Institute of Operations Management, 1998, 24（7）: 17-23.

[21] Christopher M, Peck H. Building the resilient supply chain[J]. International Journal of Logistics Management, 2004, 15（2）: 1-14.

[22] 王珊，萨师煊. 数据库系统概论[M]. 5版. 北京：高等教育出版社，2018.

[23] 李刚. 疯狂Java讲义[M]. 3版. 北京：电子工业出版社，2014.

[24] 赵景晖. JAVA程序设计[M]. 北京：机械工业出版社，2005.

[25] 韩家炜，Kamber. 数据挖掘概念与技术[M]. 范明，孟小峰，译. 北京：机械工业出版社，2007.

[26] 宋晓宇，王永会. 数据集成与应用集成[M]. 北京：水利水电出版社，2008.

[27] Steele J, Iliinsky N. 数据可视化之美[M]. 祝洪凯，李妹芳，译. 北京：机械工业出版社，2011.

[28] 贾俊平，何晓群，金勇. 统计学[M]. 4版. 北京：中国人民大学出版社，2009.

[29] 陶皖. 云计算与大数据[M]. 西安：西安电子科技大学出版社，2017.

[30] 李昕，张明明. SPSS 28.0统计分析从入门到精通[M]. 北京：电子工业出版社，2022.

[31] 田海. 国际贸易法理论与实务[M]. 西安：西北大学出版社，2023.

[32] 李洪. 职业健康与安全[M]. 北京：人民邮电出版社，2011.

[33] 国家卫生健康委职业安全卫生研究中心. 职工职业健康管理手册[M]. 北京：中国工人出版社，2023.

[34] 李永江. 企业职业健康与应急全案[M]. 北京：化学工业出版社，2020.

[35] 郭军.《劳动法》伟大的历史作用和现实意义[N]. 工人日报，2014-07-08（6）.

[36] 孟祥茹. 物流项目招投标管理[M]. 北京：北京大学出版社，2010.